全国高考语文现代文阅读
"热点作家"
经典作品精选集

试卷上的作家

起点之美

刘心武 / 著
张国龙 / 主编

延伸阅读　备战高考
适合考生做语文阅读的散文集
走进语文之美，领略阅读精髓

高中版

丰富的阅读素材
从童年往事到世间百态
从青葱校园到异域风光
开拓视野，看见世界，提升写作能力和人文素养

四川文艺出版社

图书在版编目（CIP）数据

起点之美 / 刘心武著. -- 成都：四川文艺出版社，2023.7
（试卷上的作家）
ISBN 978-7-5411-6724-9

Ⅰ.①起… Ⅱ.①刘… Ⅲ.①阅读课—中学—教学参考资料 Ⅳ.①G634.333

中国国家版本馆CIP数据核字（2023）第124031号

QIDIAN ZHIMEI
起点之美
刘心武 著

出 品 人	谭清洁
责任编辑	苟婉莹
封面设计	宋双成
内文设计	宋双成
责任校对	文 雯

出版发行	四川文艺出版社（成都市锦江区三色路238号）
网　　址	www.scwys.com
电　　话	028-86361802（发行部） 028-86361781（编辑部）
排　　版	北京书香文雅图书文化有限公司
印　　刷	三河市兴国印务有限公司
成品尺寸	165mm×235mm　　开　本　16开
印　张	14　　　　　　　　字　数　170千
版　次	2023年7月第一版　　印　次　2023年7月第一次印刷
书　号	ISBN 978-7-5411-6724-9
定　价	39.80元

版权所有，侵权必究。如有印装质量问题，请与出版社联系调换。联系电话：028-86361795。

情感和思想的写真

张国龙

和小说、诗歌等相比,散文与大众更为亲近。大多数人一生中或多或少会运用到散文,诸如,写作文、写信、写留言条等。和小说相比,散文大多篇幅不长,不需占用太多的读写时间;和诗歌相比,散文更为通俗易懂。一句话,散文具有草根性和平民性气质。

在中小学语文课本中,散文篇目体量最大。换句话说,散文是中小学语文教学不可或缺的资源。中学生所学的语文课文大多是散文;小学生初学写作文,散文便是最早的试验田。从某种意义上说,中小学作文教学就是散文教学,主要涉及记叙性散文、抒情性散文和议论性散文。在中考、高考等各类考试中,作文的写作离不开这三类散文,甚至明确规定不可以写成诗歌。可见,散文这一文体在阅读和写作中占据了举足轻重的地位。

然而,散文作为一种"回忆性"文体,作者需要丰富的生活经历和厚重的人生体验。散文佳作,自然离不开情感的真挚性和思想的震撼性。因此,书写少年儿童生活和展现少年儿童心灵世界的散文,无外乎两类:一是成年作家回望童年和少年时光;二是少年儿童书写成长中的自己。这两类散文可统称为"少年儿童本位散文"。显而易见,前者数量更大,作品质量更高。事实上,还有相当一部

\ 试卷上的作家

分散文作品,虽然并非以少年儿童为本位,却能被少年儿童理解、接受,能够滋养少年儿童的心灵。

这套丛书遴选了众多散文名家,每人一部作品集。这些作家作品可以分作两类。一类是主要从事儿童文学创作的作家,基于少年儿童本位创作的散文,比如吴然的《白水台看云》、安武林的《安徒生的孤独》、林彦的《星星还在北方》、张国龙的《一里路需要走多久》。另一类是主要创作大众文学的作家,虽不是专为少年儿童创作,却能被少年儿童接受的散文,比如,刘心武的《起点之美》、韩小蕙的《目标始终如一》、刘庆邦的《端灯》、曹旭的《有温度的生活》、王兆胜的《阳光心房》、杨海蒂的《杂花生树》、乔叶的《鲜花课》、林夕的《从身边最近的地方寻找快乐》、辛茜的《鸟儿细语》、张丽钧的《心壤之上,万亩花开》、安宁的《一只蚂蚁爬过春天》、朱鸿的《高考作文的命题与散文写作》、梅洁的《楼兰的忧郁》、裘山山的《相亲相爱的水》、叶倾城的《用三十年等我自己长大》、简默的《指尖花田》、尹传红的《由雪引发的科学实验》。一方面,这些作家的作品皆适合少年儿童阅读;另一方面,这些作家的某些篇章曾出现在中小学生的语文试卷上。因此,可以称他们为"试卷上的作家"。

通观上述作家的散文集,无论是否以少年儿童为本位,都着力观照内心世界,抒发主体情思,崇尚真实、自由、率性的表达。

这些散文集涉及的题材多种多样,大致可分为如下三类:

其一,日常生活类。"叙事型"和"写景状物型"散文即是。铺写"我"的童年、少年生活中真实的人、事、情、景。以记叙为主,抒情与议论点染其间。比如,刘庆邦的《十五岁的少年向往百草园》

以温润的笔触，描摹了"我"在十五岁那年拜谒鲁迅故居的点点滴滴，展现了一个乡村少年对大文豪鲁迅先生的渴慕与敬仰。安武林的《黑豆里的母亲》用简约的文字，勾勒出母亲一生的困苦、卑微和坚忍，字里行间点染着悲悯与痛惜。

其二，情感类。通常所说的"抒情型"散文属此范畴，即由现实生活中的人、事、情、景引发的喜、怒、哀、乐等。以渲染"我"的主体情思为重心，人、事、情、景等是点燃内心真情实感的导火索。比如，梅洁的《童年旧事》饱蘸深情，铺叙了童年的"我"和同班同学阿三彼此的关心。一别数十载，重逢时已物人两非。曾经有着明亮单眼皮眼睛的阿三，已被岁月淘洗成"一个沉静而冷凝的男子汉"。"我"不由得轻喟"成年的阿三不属于我的感情"。辛茜的《花生米》娓娓叙说了父亲为了让"我"能吃到珍贵的花生米，带"我"去朋友家做客，并让"我"独自留宿。一夜小别，父女似久别重逢。得知那家的阿姨并没有给"我"炸花生米吃，父亲欲说还休。多年之后的"我"，回忆起这件事仍旧如鲠在喉。

其三，性情类。"独白型"散文即是。心灵世界辽阔无边，充满了芜杂的景观。事实上，我们往往只能抵达心灵九重天的一隅。在心灵的迷宫中，有多少隐秘、幽微的意识浪花被我们忽略？外部世界再大也总会有边际，心灵世界之大却无法准确找到疆界，如同深邃莫测的时光隧道。每天一睁眼，意识就开始流动、发散，我们是否能够把内心的律动细致入微地记录下来？这必定是高难度写作。如果我们追问个体生命的具体存在状态，每一天的意识流动无疑就是我们存在的最好确证。比如，曹旭的《梦雨》惜字如金，将人的形象和物的意象有机相融，把女性和江南相连缀，物我同一。

尤其是把雨比喻成女孩，"第一次见面，你甚至不必下，我的池塘里已布满你透明的韵律"，空灵、曼妙，蕴藉了唐诗宋词的意味。乔叶的《我是一片瓦》由乡村习见的"瓦"浮想联翩，岁月倥偬，"瓦"已凝结成意象，沉入"我"的血脉，伴随我到天南海北。"瓦"是"我"写作的情结，更是另一个"我"。杨海蒂的《我去地坛，只为能与他相遇》，"我"因为喜欢史铁生的《我与地坛》而一次次去地坛，真真切切地感受史铁生的轮椅和笔触曾触摸过的一草一木。字里行间，漫溢出一个人对另一个人的体恤与爱怜、一位作家对另一位作家的仰望与珍视。或者说，一个作家文字里流淌的真性情，激活了另一个作家的率性和坦荡。

不管是铺写日常生活、表达真挚情感，还是展现率真性情，上述作品大体具有如下审美特征：

其一，真实性。从艺术表现的特质看，散文是最具"个人性"的文体，一切从自我出发。或者说，散文就是写作者的"自叙传"和"内心独白"。这就决定了散文的内容，其人、事、情、景等皆具有真实性，甚至可以一一还原。当然，真实性在散文中呈现的状态是开放、多元的，与虚假、虚构相对抗，尤其体现在表象的真实和心理的真实。不管是客观、物化的真实，还是主观、抽象的心理真实，只要是因"我"的情感涌动而吟唱出的"心底的歌"，就无碍于散文的"真"。散文的真实，大多体现为客观的真实，即"我"亲历（耳闻目睹），"我"所叙述的"场景"实实在在发生过，甚至可以找到见证人。对事件的讲述甚至具有纪实性，与事件相关的人甚至可以与"我"生活中的某人对号入座。叙写的逻辑顺序为："我"看见＋"我"听见＋"我"想到，即"我"的所见、所闻和所感,且多采取"叙述+抒情+议论"的表现方式。比如,林彦的《夜别枫桥》,少年的"我"先是遭遇父母离异,而后因病休学,独自客居苏州。那座始终沉默无语的枫桥,见证了"我"在苏州的数百个日日夜夜。那些萍水相逢的过客,给予了"我"终生铭记的真情。

其二,美文性。少年儿童散文通常用美的文字,再现美的生活,营造美的意境,表现美好的人情、人性和人格,是真正的"美文"。比如,吴然的《樱花信》,语言叮当如环佩,景物描写美轮美奂,读来令人神清气爽,齿唇留香。"阳光是那样柔和亮丽,薄薄的,嫩嫩的,从花枝花簇间摇落下来,一晃一晃地偷看我给你写信……饱满的花瓣,那么嫩那么丰润,似乎那绯红的汁液就要滴下来了,滴在我的信笺上了。你尽可以想象此刻圆通山的美丽。空气是清澈的,在一缕淡淡的通明的浅红中,弥漫着花的芬芳……昆明人都来看樱花,都来拜访樱花了!谁要是错过了这个芬芳绚丽的节日,谁都会遗憾,都会觉得生活中缺少了一种情调、一种明亮与温馨……"安宁的《流浪的野草》,文字素面朝天、洗尽铅华,彰显了空灵、曼妙、清丽的情思。"燕麦在高高的坡上,像一株柔弱的树苗,站在风里,注视着我们的村庄。有时,她也会背转过身去,朝着远方眺望。我猜那里是她即将前往的地方。远方有什么呢,除了大片大片的田地,或者蜿蜒曲折的河流,我完全想象不出。"

其三,趣味性。少年儿童生活色彩斑斓,充满了童真、童趣。少年儿童散文不论是写人、记事,还是抒情、言志,皆注重生动活泼、趣味盎然。与此同时,人生中的诸多真谛自然而然地流淌于字里行间,从而使文章具有超越生活的理趣,既提升了文章的境界,又能陶冶阅读者的性情。比如，王兆胜的《名人的胡须》，用瀑布、白云、大扫帚、括弧、燕子等各种事物类比各个名人各具特色的胡须。稀松平常的胡须看似可有可无，却有着不同寻常的意义。古今中外名人与胡须的逸事，读来令人莞尔，幽默、风趣的笔调里蕴含着举重若轻的哲理。张丽钧的《兰花开了18朵》，"我"时常和蝴蝶兰说话，如母亲的斥责，似闺密的呢喃，像恋人的娇嗔，满满的人间情怀里渗透着天然的机趣。"我家这株蝴蝶兰，真真是个慢性子——一簇花，耗费了整整66天的时间，才算是开妥了。从2月24日到5月1日，总共开了18朵花，平均3.67天开一朵。我跟她说：'亲呀亲，你可是我拉扯大的呀，咋这脾性半点儿都不随我呢？这么慢条斯理地开，你是打算把全部春光都占尽了吗？'"

散文创作通常与作者的亲身经历密切相关，尤其注重展现真性情，因此散文抒写的往往是个人的心灵史和情感史。这些散文作品不单是中学生写作的范本，还是教导中学生为人处世的良师益友！

2022年10月18日

于北京师范大学

序 言

刘心武

2012年初夏,天津的一位朋友给我打电话,说孩子刚参加完高考,语文试卷里采用了我的一篇文章《掐辫子》,是个重点题,占分不少。自己的文章能被选入直辖市语文高考试题,还是很高兴的。

那之前,我已经得到一些通知,就是我的一些文章,如《白桦林的低语》《起点之美》《错过》……被一些地区的语文课本收入。那之后,我又陆续在网络上看到,我的一些文章被不同地区、不同学校作为中考、高考的备考题,加以使用。

我从小就热爱写作。1958年,我16岁时发表了第一篇文章,之后一直坚持写作,算得是一个文学写作的马拉松长跑者。我出版了《刘心武文集》8卷、《刘心武文存》40卷、《刘心武文粹》26卷。此外,按单行本计算,在海内外出版的个人专著,到目前已达276种。我的写作,可比喻为"种四棵树":小说树、散文树、建筑评论树、《红楼梦》研究树。我笨鸟先飞,历经沧桑,有得有失,雁过留痕,写作上有经验,也有教训。

常有读友来问:写作有什么诀窍?

我的想法是:写作,大体分两个层次。一个层次是一般性写作,也就是写作文。小学、初中、高中，都要学习写作文，中考、高考，也都要考作文，但是这个层次上的写作，也就是我们习惯叫作作文的这桩事儿，和文学创作还是两码事。对于社会上大多数人来说，练习写作、写好文章，目的不是成为作家，而是掌握一种符码系统，一种交流工具，便于今后在不同的工作领域里能够准确地表达信息，与人沟通，达到相互理解。因此，提高作文水平，是任何一个脱离文盲状态的社会人士，都必须的。

写作的另一层次，是文学写作。文学写作与一般的工具性写作，并没有非常明确的界限。能进入文学写作境界的人士，往往更能驾驭一般的工具性写作；而只需把握一般工具性写作的人士，往往并不能轻易进入文学写作的境界；但能够欣赏文学作品的一般人士，在写好一般工具性文章方面，则会提高得更快。

中外古今的文学写作发展到今天，已经流派纷呈、手法多样，现实主义外，还有浪漫主义、现代主义、后现代主义，手法则有变形魔幻、时空交错、荒诞穿越、象征朦胧，以及意识流、谵语流等。我自己的小说写作，虽然以现实主义为主，也有一些借鉴现代主义、后现代主义，采用意识流手法等。

这本书不是指导读者从事文学写作，而是帮助读者从事一般工具性写作，即帮助提高作文水平的。因此，上述文学写作的诸多流派，只选现实主义的；诸多写作手法，只选最通行通用的。而且，本书选入文章的篇幅大体都在1500字上下，对于日常学习作文，以及准备参加中考、高考的学生，还有指导、关心他们的老师、家长，应该是最具实用价值的。

收入这本书中的文章，内容都是健康的，格调都是清新的，笔法都是娴熟的，文字都是通畅的，有形容、有比喻、有夸张、有排比，注重细节，精选辞藻，既可作为文学作品欣赏，也适宜作为语文训练的模板。

如何写好作文？

我的回答是：热爱生活，心中自有活泉；勤于阅读，腹内储满云霞；多写多练，笔下便能生花。

愿这本书有益于所有愿意提高作文水平的人士，特别是，能成为中小学生和老师、家长们案头必备的参考书。

2021 年 10 月 20 日

目录 CATALOGUE

/试卷作家真题回顾/

人情似纸 / 2
怒绿 / 6
人在风中 / 9
掐辫子 / 13
多一事 / 17

/试卷作家美文赏练/

金秋书简（三章） / 22
炸酱面 / 27
起点之美 / 31
为你自己高兴 / 34
青春的门槛 / 37
坐在门槛上的送煤工 / 41
第八棵馒头柳 / 45

从一个微笑开始 / 48
▶预测演练一 / 51

那天，你丢失了什么？ / 53
大束百合 / 56
富心有术 / 59
一切都还来得及 / 62
春冰 / 66
错过 / 69
冬日看海人 / 72
等候散场 / 75
▶预测演练二 / 78

藤萝花饼 / 80
神圣的沉静 / 84
果疼 / 87
健康携梦人 / 90
铁糖阿伯 / 95
从抖腿到凝神 / 98
▶预测演练三 / 101

谢幕与终曲 / 103
框住幸福 / 106

美瓷不碎 / 109

玻璃翠 / 112

非量化因素 / 116

心灵百叶窗 / 119

给心房下一场雪 / 122

榛子奶奶 / 125

▶预测演练四 / 129

打地铺 / 131

千叶瓶 / 135

携鸡童子 / 139

一起去看 / 142

相册 / 146

替课阿姊 / 150

一道金光 / 153

窗的随想 / 156

▶预测演练五 / 160

叉车叔 / 162

果袋婶 / 166

夜香花园 / 170

远去的风琴声 / 173

蹚布 / 179

藕合色羊绒衫 / 183

修脚师的生日 / 186

炒米糖开水与糖瓜儿 / 190

▶预测演练六 / 193

参考答案 / 195

人情似纸

①不要续上一个"薄"字。不是那意思。

②把许多复杂的事物归结为一个简单意思的时代已经过去。但离开了简单的归结,许多人又不知如何面对复杂。其实,从来都复杂。难道以前不复杂吗?也许,从前无论如何不如今天这般复杂。但细想,从前也复杂。提心吊胆地说真话那阵,说了那么多;而毋庸提心吊胆便可倾吐真话这阵,却什么也懒得说。

③我曾到那间小屋子去看他。其实根本不是一间小屋子。只有门,没有窗,甚至没有透气孔,因此,人进去以后便必须把门敞着。那是个储藏室。空间极狭小。气息极窒闷。但我们交流得很畅快,至少在我这方面是这样想。有的话还得压低嗓门。眼波的流动中也有许多的情谊。但现在他有了二十、三十倍大的空间,许多的门,许多的窗;门紧闭着,窗半开着,"硬件"好,"软件"更棒,我却不去迈进那门槛。他也不来请我迈进那门槛。似乎也并没有什么过不去的地方。只是不再有那么多的情感了。淡了,薄了,甚至弥散了。

④据说人情似纸的"纸"现在不是"秀才人情纸半张"的那"纸",而是赵公元帅笔下的那"纸",即通货。由"官本位"向"金本位"转化,值得欢迎。但我更渴望"人本位""情本位"。社会的物质繁荣据说必须付出精神沦丧的代价。又据说落伍者看来是精神沦丧,

而先锋眼中却是可喜的精神瓦解；但先锋们犹未能指出旧精神瓦解后应运诞生的新精神究竟是什么。有的先锋中的先锋则说只需瓦解无需重构："凤凰涅槃"是可笑的，凤凰只应焚毁，何必重生？

⑤我却仍愿抓住一点自认为是永恒的东西，哪怕只有游丝般微弱。那永恒的东西里就有人情，似纸的人情。纸很薄，却可以写情书，写诗，写温情的句子，写必要的问候，当然还可以画画儿，可以折成一只船，放在小溪里，任其顺细碎的波浪旋转着漂向远方。

⑥转眼一年整了。一年多以前正在美国。记得一年前到纽约的头一天，傍晚时分，曼哈顿万家灯火中，也有了我小小的一盏。在简单而舒适的下榻处，桌上有小小的卡片，卡片上写着温暖的句子。人情似卡片吗？我却自去冬以后，再没给留下卡片的人寄去哪怕是一张薄薄的纸。我总埋怨着别人的情在淡在薄在弥散，自己呢？从别人的眼中看我，该也吃了一惊吧，怎么会变成了这样？比以前冷，比以前硬，比以前懒，却比以前更会为自己辩解。

⑦以前的时代，人情或许似醍醐，厚重黏稠？如今是人被纷至沓来的信息和事务碾扁熨平的时代，人情随之也轻薄寡淡了，人更多地依靠内心的支撑而更少希冀心外的扶持。人类在进步而人情在萎缩，真的吗？

⑧也许是因为现在"移情"的条件好多了，可以移向唱片、电视和电脑，移向真古董和假古董，移向需要每天饲食的猫、鸟、鱼、兔，移向需要浇水剪枝施肥换盆的花草，移向小小的邮票，移向书报，总之可以更彻底地从活生生的人面前移开去。最省事的"雅移"法是寄情山水，最省事的"俗移"法则是坐到打开的电视机前剥食着花生米，不分好赖地一直看到荧屏上现出"再见"的字样。

⑨但心中仍不免时时逸出一丝两丝、一缕几缕、一片几片的活生生的人的沟通欲望，化为思念，化为莫可名状的思绪，最后可能

就拽过一张纸来，想在上面写一些情，一些别人可能并不呼应并不需要的字、词、句和标点符号……人情确确实实就是一张纸。

⑩当我从淡薄中想起人家时，人家或许正在从残存的印象中摆脱出去而正在忘却我。曼哈顿的灯火呵，哪一盏下面尚有关于我的一缕思绪？

（选自刘心武散文集《人情似纸》）

【2017—2018学年河北省唐山二十三中高三（上）期中语文试卷】

▶试 题

1.下列关于原文内容的分析和概括，不正确的两项是（　　）（3分）

A.这篇文章通过使用形象化的标题，用"人情似纸"的比喻，含蓄地表明了本文的题旨是在批判"人情似纸薄"的现象。

B.文中第③段通过叙述"他"的前后变化，既是在反映一种当下人情寡淡疏离的社会现实，也是在为下文展开对"人情似纸"的思考和议论进行过渡。

C."最省事的'雅移'法是寄情山水，最省事的'俗移'法则是坐到打开的电视机前剥食着花生米，不分好赖地一直看到荧屏上现出'再见'的字样。"这表明现实生活中人们的兴趣爱好不同，是造成当下社会"人情萎缩"的重要原因。

D."最后可能就拽过一张纸来，想在上面写一些情，一些别人可能并不呼应并不需要的字、词、句和标点符号……人情确确实实就是一张纸。"这里强调了纸片虽微不足道，虽不起眼，但人有时就是需要有这样微小的载体存在，以寄托自己的思绪与情感，抒发自己的感念与期待。

E. 整散句结合，多用长句，善用借代和反问，是本文语言的鲜明特色；同时，文中多处运用了对比的手法，在一一反衬中使主旨得以凸显。

2. 简析文章第⑤段中画线句子的表达效果。（3分）

3. 全文以"曼哈顿的灯火呵，哪一盏下面尚有关于我的一缕思绪？"这样一个问句作结，这样结尾有什么作用？（4分）

4. 文章第⑧段谈到现在社会的各种"移情"旨在表明什么？你是如何看待"现在'移情'的条件好多了"这种状况的？请结合文章内容及生活实际，谈谈你的观点和理由。（4分）

怒 绿

①那绿令我震惊。

②那是护城河边一株人腿般粗的国槐,因为开往附近建筑工地的一辆吊车行驶不当,将其从分杈处撞断。我每天散步总要经过它身边,它被撞是在冬末,我恰巧远远目睹了那惊心动魄的一幕。那一天很冷,我走拢时,看见从那被撞断处渗出的汁液,泪水一般,但没等往下流淌,便冻结在树皮上,令我心悸气闷。我想它一定活不成了。但绿化队后来并没有挖走它的残株。开春后,周围的树都再度先后放绿,它仍默然枯立。谁知暮春的一天,我忽然发现,它竟从那残株上,蹿出了几根绿枝,令人惊喜。过几天再去看望,呀,它蹿出了更多的新枝。那些新枝和下面的株桩在比例上很不协调,似乎等不及慢慢舒展,所以奋力上扬,细细的,挺挺的,尖端恨不能穿云摩天,两边滋出柔嫩的羽状叶片……到初夏,它的顶枝所达到的高度,几乎与头年丰茂的树冠齐平。我围绕着它望来望去,只觉得心灵在充电。

③这当然并非多么稀罕的景象。记得三十多年前,一场大雷雨过后,什刹海畔的一株古柳被劈掉了一半,但它那残存的一半,顽强地抖擞着绿枝,继续它的生命拼搏,曾给住在附近的苦闷中的我以极大的激励,成为支撑我度过那些难以认知的荒谬岁月的精神滋养之一。后来我曾反复以水彩和油画形式来刻画那半株古柳的英姿,

可惜我画技不佳，只能徒现其外表而难传达其精髓。进入改革开放时期，我曾在大型的美术展览会上，看到过取材类似的绘画；再后来我有机会到国外的各种美术馆参观，发现从古至今，不同民族的艺术家，都曾以各种风格创作过断株重蹿新枝新芽的作品。这令我坚信，尽管各民族、各宗教、各文化之间存在着若干难以共约的观念，但整个人类，在某些最基本的情感、思考与诉求上，是心心相通的。

④最近常亲近丰子恺的漫画。其中有一幅作于1938年，题有四句诗的素墨画："大树被斩伐，生机并不绝。春来怒抽条，气象何蓬勃。"这画尺寸极小，所用材料极简单，构图更不复杂，但是我看过的那么多同类题材中，最有神韵、最令我浮想联翩的一幅。是啊，不管是狂风暴雨那样的天灾，还是吊车撞击那类的人祸，受到重创的残株却"春来怒抽条"，再现蓬勃的气象，宣谕超越邪恶灾难的善美生命那不可轻易战胜的内在力量；丰子恺那诗中的"怒"字，以及他那墨绘枝条中所体现出的"怒"感，都仿佛画龙点睛，使我原本已经相当丰厚的思绪，倏地提升到了一个新的高度。

⑤今天散步时，再去瞻仰护城河边那株奋力复苏的槐树，我的眼睛一亮。除了它原有的那些打动我的因素，我发现它那些新枝新叶的绿色，仿佛是些可以独立提炼出来的存在。那绿，是一种非同一般的绿。倘若非要对之命名，只能称作怒绿！是的，怒绿！

⑥那绿令我景仰。

【2019—2020学年四川省南充市高一（下）期末语文考试】

\试卷上的作家

▶试 题

1. 下列对这篇散文相关内容和艺术特色的分析鉴赏不正确的一项是（　　）（3分）

A."我"对断株蹿出的绿枝由"震惊"到"景仰"的情感变化，表明"我"对断株重蹿新枝的认识提升了一个高度。文章正是以这一思想感情的发展变化为写作线索的。

B.文章第②段，把槐树流下的汁液比作眼泪，形象地写出了槐树遭受的重创之深，为下文蓄势；更能突显蹿出的绿枝的顽强生命力和不屈不挠的精神。

C."只觉得心灵在充电"中的"充电"是指绿枝给"我"激励和鼓舞，使我内心充实；"那绿，是一种非同一般的绿"中的"非同一般"是指其经受惨烈的磨难而更富生机。

D.第③段写什刹海畔被劈掉了一半的古柳，和第②段被撞断的国槐形成对比，反衬出国槐虽然遭受重创，仍能重蹿绿枝；更进一步赞美了国槐顽强的生命力。

2. 本文第④段引用了丰子恺的画和诗，试结合全文简要分析其作用。（6分）

3. 文章以"怒绿"为题，有何妙处？请结合文章简要分析。（6分）

人在风中

①一位沾亲带故的妙龄少女，飘然而至，来拜访我。我想起她的祖父，当年待我极好，却已去世八九年了，心中不禁泛起阵阵追思与惆怅。和她交谈中，我注意到她装扮十分时髦，发型是"男孩不哭"式，短而乱；上衫是"阿妹心情"式，紧而露脐；特别令我感到触目惊心的，是她脚上所穿的"姐妹贝贝"式松糕鞋。她来，是为了征集纪念祖父的文章，以便收进就要出版的她祖父的一本文集里，作为附录。她的谈吐，倒颇得体。但跟她谈话时，总不能不望着她，就算不去推敲她的服装，她那涂着淡蓝眼影、灰晶唇膏的面容，也使我越来越感到别扭。事情谈得差不多了，她随便问到我的健康，我忍不住借题发挥说："生理上没大问题，心理上问题多多。也许是我老了吧，比如说，像你这样的打扮，是为了俏，还是为了'酷'？总欣赏不来。我也知道，这是一种时尚。可你为什么就非得让时尚裹挟着走呢？"

②少女听了我的批评，依然微笑着，客气地说："时尚是风。无论迎风还是逆风，人总免不了在风中生活。"少女告辞而去，剩下我独自倚在沙发上出神。本想"三娘教子"，没想到却成了"子教三娘"。

③前些天，也是一位沾亲带故的妙龄少女，飘然而至，来拜访我。她的装束打扮，倒颇清纯。但她说起最近的一些想法，我便竭

诚地给她提出了几条忠告，都是我认定的在世为人的基本道德与行为底线。

④妙龄少女很多，即使同是城市白领型的，看来差异也很大。那看去清纯的，却正处在可能失纯的边缘；那望去扮"酷"的，倒心里透亮，不但并不需要我的忠告，反过来还给我以哲理启示。

⑤几天后整理衣橱，忽然在最底下发现了几条旧裤子。我回想起那是我费了九牛二虎之力，才讨到手的。那时"国防绿"的军帽、军服、军裤乃至军用水壶，都强劲风行，我怎能置身于那审美潮流之外？还有两条喇叭口裤，是二十年前，在一种昂奋的心情里置备的；那时我已经三十八岁，却沉浸在"青年作家"的溢美之词里。记得还曾穿着裤口喇叭敞开度极为夸张的那一条，大摇大摆地去拜访过那位提携我的前辈，也就是如今穿松糕鞋来我家，征集我对他的感念的那位妙龄女郎的祖父；仔细回忆时，那前辈望着我的喇叭裤腿的眼神，凸现着诧异与不快，重新浮现在了我的眼前，只是，他大概忍住了涌到嘴边的批评，没有就此吱声。

⑥人在风中。风来不可抗拒，有时也毋庸抗拒。风有成因。风既起，风便有风的道理。风就是风，它来了，也就预示着它将去。凝固的东西就不是风。风总是多变的。风既看得见，也看不见。预报要来的风，可能总也没来。没预料到的风，却会突然降临。遥远的地球那边一只蝴蝶翅膀的微颤，可能在我们这里刮起一阵劲风。费很大力气扇起的风，却可能只有相当于蝴蝶翅膀一颤的效应。风是单纯的、轻飘的，却又是诡谲的、沉重的。人有时应该顺风而行，有时应该逆风而抗。像穿着打扮、饮食习惯、兴趣爱好，在这些俗世生活的一般范畴里，顺风追风，不但无可责备，甚或还有助于提升生活情趣，对年轻的生命来说，更可能是多余精力的良性宣泄。有的风，属于刚升起的太阳；有的风，专与夕阳做伴。好风，给人

生带来活力。恶风，给人生带来灾难。

⑦像我这样经风多多的人，对妙龄人提出些警惕恶风的忠告，是一种关爱，也算是一种责任吧。但不能有那样的盲目自信，即认定自己的眼光判断总是对的。有的风，其实无所谓好或恶，只不过是一阵风，让它吹过去就是了。于是又想起了我衣柜底层的喇叭口裤，我为什么再不穿它？接着又想起了那老前辈的眼光，以及他的终于并没有为喇叭裤吱声。无论前辈，还是妙龄青年，他们对风的态度，都有值得我一再深思体味的地方。

【2018—2019学年上海师大附中高三（上）期中语文试卷】

▶试 题

1. 第②段画线部分是如何塑造少女形象的？请加以分析。（3分）

_____

_____

_____

2. 对文章理解错误的两项是（   ）（3分）

A. 第①段突出少女装扮的时髦和"酷"，与下文少女的"心里透亮"形成鲜明的对比。

B. 第④段中的"哲理启示"的含义是，看人如果只重表象，往往会形成错误的判断。

C. 第⑤段中，"大摇大摆"一词是作者对当年沉浸于溢美中轻狂傲慢的自我批评。

D. 第⑤段中，"涌"字让读者感受到那位前辈当时对作者的衣着形象有着一种强烈的不满。

E. 文章第⑥段运用了比喻、夸张、排比等修辞手法，行文铺排，思想深邃。

F. 本文在结尾用含蓄的语言揭示主旨，如画的留白，发人深省，余味悠长。

3. 全文从"人与风的关系"角度进行构思，新颖独特，请结合内容加以赏析。（4分）

4. 评析第⑥段"人有时应该顺风而行，有时应该逆风而抗"所表达的思想意义。（5分）

掐辫子

①一对白领情侣长假携游,去到一处近年开发出的山野景点,见到瀑布深潭,她高兴得跳起来欢呼,山风掠过,将她草帽吹落潭中,她还没回过神来,他已经跃入潭中,捞起草帽,游回潭边,跃到岸上。她还没做出反应,周边的游客已经响起掌声,还有人说:"跟电影镜头似的。"

②他们躲到僻静处,他把上衣脱下,晾到灌木上。她说:"吓死我了。知道你要表达,可也犯不着这么冒险。"他说:"除了对你表达,其实,还有另外的内心秘密。"她狐疑了:"什么另外的秘密?"他告诉她,掉在潭里的,是草帽。草帽是用什么做的?她随口说:"稻草。"他告诉她,不,是麦秸。把麦秸用水泡过,然后用双手编成辫子,他们老家妇女几乎一年四季都会在做完别的活计后,来顺手干这个,叫作掐辫子。一挂辫子大约弯成五圈,近年来的收购价,是一挂一元钱,一个能干的妇女,一天掐辫子能出五六挂……

③她听到这儿放心了,明白他内心里,有区别于她这样的城里生城里长的人的眼光和心思,草帽对她来说,不过是一种便宜的遮阳物品,可是对他来说,是他到城里来上大学以前,奶奶、妈妈、姐姐们日常掐辫子变化成的产品。她引他聊得更多。他细细叙说。他告诉她,他们那个家乡,离交通枢纽远,历史上属于兵家必弃之地,如今则属于商家缓争之处,无山无水,开发不成旅游区,离最近的一处古迹也还有百里之遥,他也曾苦苦查阅过,竟找不出自古到今

各方面的名人有出生在他们那个地方的。总之,那是一处平凡、平淡、平庸的所在。但是平实之地也有平安之福,城市化的浸润,离得还远,村庄虽然盖起了新房,却仍有古朴风貌。有人问城市膨胀耕地减少,为什么粮食还有得吃?他说,那就是因为还有他家乡那样的存在,每年还种大片的小麦,小麦收过种大片的玉米。而大田劳作之余,妇女们就维系着久远的传统——掐辫子。

④她在秋阳下听他讲家乡,心里仿佛陆续注入一缕一缕的光亮。他没想到她爱听这些。他进一步告诉她,他大学四年的费用,学费是爸爸供,生活费呢,全是奶奶、妈妈和姐姐掐辫子掐出来的。她把玩着那渐渐变干的草帽,忽然觉得,那是有生命的东西,她把草帽像宠物般拥在胸怀。

⑤他们原来的计划,是顺那山谷跋涉到最深处,据说那谷端有更高更奇更美的瀑布,那里有开发出的农家院接待游客,在那里可以吃到若干特别的鲜鱼山蔬。但是,她提议改变行程,转而去他的老家。她说她想看掐辫子,甚至想学着掐辫子。他很高兴。他们交往并不久。这是他原来幻想过却不敢贸然提出的。是的,这个假期很长,他们完全来得及转换目的地。

⑥她随他前往他的家乡。绝对距离并不远,却要先坐火车,慢车站票,熬过一夜,再换长途汽车,再换三轮摩托。车载的终点是一处大集,从那大集镇再徒步一小时,才到他家那个村子。确实无特点可言,就是不多的树,模样雷同的房舍,不甚整洁的村道,一种只能以农村命名的混合气息。

⑦他把她引到自己家时,已经夕阳西下。一进院,不用他指点,她就看到好几个盆,有塑料盆、铝盆,还有一只陶盆,里面浸泡着大体等长的麦秸,散发出一种香臭之间的暧昧气息。他妈妈迎面出了屋,手臂上有几挂刚掐好的辫子,不是知道他们来了表示欢迎,她是地道的不速之客。他叫完"妈"就介绍说"这是我女朋友",

她赶忙称呼"大妈"。进屋以后又见到他奶奶。姐姐已经出嫁，但就在邻村，他说明天或许就会回来见面。奶奶坐在那里掐辫子，弄明白她的身份后咧开只剩几颗残牙的嘴无声地笑了好久。她随即听见院子里鸡在拍翅狂叫，她到门边往外看，是大妈在抓鸡。那只母鸡显然一贯得宠，万没想到今天风云突变，因此拼力挣扎。他知道她的心思，怕她跑出去拦阻，就站到她身边轻轻搂住她的腰，但是她懂得，大妈听见儿子把她介绍出来时，并没有什么强烈的表情，但是此刻她那满院抓鸡的肢体语言，把她面对意外之喜的满腔热情表达得淋漓尽致。一个人对另一个人如此看重，并且以如此淳朴的形态表达出来，是她职场生活中不曾经历的。

⑧晚饭后和大妈聊天，才知道如今四季都有人进村来收妇女们掐好的辫子，去做草帽。她发现东厢柴草间堆了不少废弃的辫子，大妈悄悄告诉她，那都是奶奶掐的，老人手劲不够，掐不出合格的了，可是，掐了一辈子，喜呀悲呀什么心思都掐进去了，所以不告诉人家不收，还由着老人掐……她意识到这里的妇女掐辫子其实更具有超出换钱的生命意蕴，眼睛潮湿了。

⑨他的爸爸是兽医，那天到远村去服务，第二天一早才回来。她和他一起站在院门外，远远看到那乡村兽医骑着自行车从白杨树下过来，她忽然想大声召唤："爸爸！"

（2012年天津市高考语文试卷）

▶试 题

1.文章以"捞草帽"的惊险场景开头，起到什么作用？（2分）

2. 文中"她"对草帽的认识有哪些变化？请从第③④自然段中找出相关语句。（2分）

3. 你如何理解"心里仿佛陆续注入一缕一缕的光亮"这句话？（4分）

4. 赏析倒数第二自然段中画线的语句。（4分）

5. 你读完文本后有怎样的感悟？请用两个词语概括，并分别加以简要说明。（5分）

6. 下列对本文的理解和赏析，不正确的两项是（　　）（4分）

A. "他"介绍麦秸辫的收购价，并说"他"上大学的生活费全是家人"掐辫子"换来的，蕴含着"他"对亲人的感恩之情。

B. "她"在"他"家体验到了自己在职场生涯中未曾体验到的东西，不由得产生了对职场生活的厌倦。

C. 文中说"平实之地也有平安之福"，表现出作者对城市和农村相反的情感态度。

D. "那只母鸡显然一贯得宠，万没想到今天风云突变，因此拼力挣扎"一句，用拟人手法描写母鸡被抓时的热闹场面，烘托了大妈的喜悦心情。

E. 以"掐辫子"为题，点明了全文线索，凸显了浓郁的乡土气息。

多一事

①宛大妈是公园凉亭戏迷聚唱的核心人物。她曾唱一段《贵妃醉酒》的四平调,众人听完不禁面面相觑:怎么跟梅兰芳的唱法大相径庭?她告诉大家,那是荀慧生还用白牡丹艺名时候的唱法,后来这出戏被公认为是梅老板的代表作,荀老板就没再演过这一出了。于是有人问她:"您是北京京剧团的吧?"她说:"我曾是北京市京剧团的龙套,角儿唱杨贵妃,我是八宫女之一。"完了又解释一句,听起来是"多一事不如少一事"。大家糊涂,这什么意思啊?她笑着细掰:"四五十年前,北京有两个市一级的京剧团,一个叫北京京剧团,后来成为排演《沙家浜》《杜鹃山》的'样板团';另一个叫北京市京剧团,那政治地位、福利待遇,跟'样板团'可就差老鼻子啦。我呢,是在带'市'字的那个团,所以,当时北京戏剧界就流行这么一句话,叫作多一'市'不如少一'市'。当然啦,改革开放以后,又合并在一起,叫北京京剧院了。"那以后,有的人背地就用"多一事"称呼她。

②社区居委会有的人,觉得她这个老太婆脾气有些古怪。那年两位居委会女士抱着捐款箱,按响她那单元的门铃,说是知道社区里有些老人腿脚不便,想给灾区捐钱,却心有余力不足,所以上门来满足其心愿。宛大妈听了却摇头说:"我不做隔山打牛的善事。我行善,要面对面,知道我捐的究竟落在了谁头上。"两位女士已

\试卷上的作家

经收到若干捐款,而且许诺将在社区公告栏公布捐款明细表,并会全部转交有关机构。宛大妈的表现,令她们气闷。

③有一次宛大妈去医院看病,候诊的时候,见旁边一个外地汉子,给一把旧椅子装上轱辘,推他媳妇来看病。问起来,得知他媳妇是生了骨瘤,动过手术,今天复查。给媳妇治这个病,快到倾家荡产的地步。他哥哥也在北京打工,母亲轮流在他们两家住,这个月又轮到住他家——所谓家,就是在几里外,用每月四百元租的原来工厂的排房,小小一间,放高低铺,剩余空间也就放套煤气灶架和一张用来吃饭和孩子做功课的桌子,不过有彩电,屋顶上有"锅",能看电视。他哥哥的意思,是弟媳妇得了这么个病,母亲就别挪弟弟那儿了。嫂子却不干,认为该轮还要轮,他妈跟那嫂子一向不睦,倒很愿意多在他那儿住。他那媳妇衰弱得说话也缺气,一旁管自摇头。他苦笑,闭嘴前忍不住又来一句:"明天赶紧去工地问工头再支点,要不买米的钱也没了。"宛大妈看完病领完药,在医院外面又遇见他们,就过去跟那汉子说:"让你媳妇等在超市门口,你跟我进去,我帮你把该买的买了。"见那汉子犹豫,就说:"我是真心要帮。你接受了是给我快乐。"汉子就把媳妇坐的轮椅安置在妥善位置,跟宛大妈进了超市,两人各推一辆购物车,宛大妈往汉子的车里装了一袋米、一袋面、一桶玉米油、一大盒鸡蛋、一桶酱油、一桶醋、一包紫菜、一袋虾皮……汉子直说:"谢谢,够了够了。"她最后还往里添了两罐辣酱。出了超市,她跟汉子说:"我每月五号上午十点必来这个超市。你以后有困难可以按时候到这儿来找我。我不会给你钱。我不会给你买别的,就是给你买这些个最必需的日常用品。"汉子和他媳妇连声道谢,问她:"大妈贵姓?"她笑:"莫问我的名和姓,就记住仨字儿吧:多一事。"

④"多一事"的趣事很多。那天她来公园,推了个自备的帆布

小购物车,里头是两提卫生纸。她没先去凉亭唱戏,先推到公厕外的松树下守着。不一会儿,一位大嫂出来了,她迎上去问:"又把厕纸整卷儿全搂走啦?"那大嫂就知道被盯上了,脸上有些搁不住,嘴里硬撑着:"你多一事不如少一事,对不对?"又有一位胖老头从里头出来,他跟那位妇女一样,也是几乎每天都要来这公厕收集厕纸的。管理人员刚续上,他们就很快整卷搂走,其他游客往往无纸可用,意见很大。宛大妈见二位占便宜的全在眼前,就说:"道理你们也懂,不说了。今天我带了一提十卷的名牌厕纸来,赠你们每人一提。只希望你们从此以后能保障其他游客的权益。"那大嫂不知所措,那胖老头却理直气壮:"你多什么事!我们这算什么问题?你有能耐你逮那些贪官去!"宛大妈说:"大贪要反,小贪也要戒。端正社会风气,大事小事全要做。当年我演不了贵妃,就演好那宫女。如今我还是唱不了主角,干不成大事,可是我还能做点小的好事。我真是想送你们厕纸,好让你们生出点子悔意,赶明儿别再这么贪小啦!"那大嫂和那胖老头灰溜溜地绕开她走了。后来管理员说,白搂厕纸的现象少多了。

⑤凉亭里又响起宛大妈的唱腔,这回唱的是《穆桂英挂帅》:"猛听得金鼓响画角声震,唤起我破天门壮志凌云……我不挂帅谁挂帅?我不领兵谁领兵?"

【2018—2019 学年宁夏中卫一中高一(下)期末语文试卷】

> 试 题

1. 下列对小说有关内容的理解与分析，不正确的一项是（　　）（3分）

A. 宛大妈有时吝啬，社区给灾区募捐，她拒绝捐款；有时古道热肠，正气凛然。

B. "多一事"是人们称呼宛大妈的，除了剧团名称的由来外，可能与她喜欢"多管闲事"有关。如在有人占便宜偷搂公园公厕厕纸时，挺身而出，"多事"。但文中"多事"似贬实褒。

C. 开头结尾都写到宛大妈的唱腔，开头写她的唱腔与梅兰芳的不同，体现她个性独特的一面，结尾的描写则体现她的精神风貌。

D. 小说主要记叙了三件小事，通过语言、动作等描写，写出了宛大妈做人的原则，刻画她的性格，展现她的品行。

2. 人们觉得"多一事"宛大妈古怪，结合具体情节或细节，说说她的"怪"表现在哪里？你怎么理解？（6分）

_____
_____

3. 小说结尾写宛大妈唱《穆桂英挂帅》，耐人寻味，请说说其意蕴与作用。（6分）

_____
_____
_____

金秋书简（三章）

🌸 心灵寄语

> 每一份职业的坚守、每一处风景的守护、每一个地方文化的传承，都有着意想不到的奉献与付出，但我们依旧不惧风雨、坚持不懈。

白桦林的低语

从大兴安岭回来以后，我一直怀念着你。

那森林边的草地上，野牡丹和野百合开过了，现在是什么样的野花在怒放？我的思念越过蜿蜒曲折的碧蓝小溪，升到高高的冈峦上，在那塔亭般的望楼里，我要同你一起倚窗瞭望……

窗下是茫茫林海，随着山峦起伏，绣出层层叠叠、浓浓淡淡的绿浪。紧靠着望楼的是一片白桦林。银白的树干、灰绿的树冠，随着阵阵山风，摇曳着身躯和手臂，仿佛在向我们低吟浅唱……

看林人呵，我的兄长，我们在那望楼上只相聚了几个小时，但一颗林业工人的闪光的心，却永远在我灵魂中涤除着虚荣与狂妄。

你本有烟瘾，但在岗位上，你的衣袋里绝没有一撮烟草、一根火柴棒。你不带书报，不是你不爱看，因为你的双眼必须随时注意四周的情况——哪怕是一缕淡淡的细烟，也不能忽略轻放！你带了一台半导体收音机，但除了收听天气预报，你甚至不再收听你最爱的歌曲，因为你双耳必须随时捕捉远近异常的音响——哪怕有人偷伐一棵小树，你也不能将他原谅！

我问你："寂寞吗？"你笑了，笑得那么爽朗，那么豪壮。你教我从各种鸟鸣中听出旋律，你教我从各种树姿中产生联想。你对我说："森林是大地的绿毯，我们要把这厚厚的绿毯，一直铺到北京城的边上！"怀念你呵，看林人，自从分别后，我又走过了那么多地方，你却日复一日，同你的伙伴们倒班，守望在那同一塔亭上。四面风来时，塔亭里发出轰轰的震响，你一定还在睁大双眼，警惕着邪火出现的征象。在默默地思念中，我激励自己要有你那样的胸怀，你那样的目光……

白桦林在向你絮絮低语，你也在用深情的注视同他们倾诉衷肠。在白桦林的低语中，愿你听到我的声音，我还要到大兴安岭去，如一滴雨，如一片雪，充满渴望地投向森林和你们的胸膛！

走在银白色的小路上

刚从太湖边上回来，我便忍不住提笔给你写信。

年轻的乡长啊，送别时，你握住我的手问："我们这里，什么给你留下的印象最深？"我一时答不出来，因为无论那果实累累的橘林、那飘逸馨香的金桂，还是那河汊中新漆过的乌篷航船、那竹丛中新盖起的红瓦小楼……都仿佛挂满露珠的花朵，簇拥在我脑际的花坛。

可是，现在我可以郑重地回答你了：开放在我记忆中那最艳丽最芳馥的花朵，是从你们镇上通往四乡的银白色小路。

\试卷上的作家

在你们水乡小镇的拱桥上,在霏霏的细雨之中,你把万花筒般的集市街指给我看。我注意到花儿般浮动的伞,我注意到过街楼下琳琅的货摊,我嗅到了新出锅的糕团的香味,我听到了一片柔脆滑软的吴音……可是你却提醒我不要错过了最值得注意的细节:人们那移动的双脚,那脚上的鞋。

是的,我看见了,有矮腰和半高腰的雨鞋,男人的一律黑色,妇女和儿童的却或灰或黄,或红或白;也有人仍穿着球鞋、布鞋、草鞋……你进一步提醒着我:"他们的鞋上,可有很多的烂泥巴?"我再仔细观察,在这江南的绵绵细雨中,在这乡镇喧阗的集市上,人们的鞋上并没有很多的泥巴。这是为什么呢?

你把我引到镇边,你指点着。啊,我明白了,不仅镇里的街巷一律铺上了沥青、石板,而且从去年开始,你们乡政府已经把银白色的水泥块铺砌到通往每一座小村的道路。在透明的雨幕中,在翠绿的田野映衬下,那蛛网般的银白色小路,闪动着催人沉思的光泽。自古以来,江南阴雨中,烂泥巴折磨穿鞋人,而你们这里却正式告别了延续几千年的泥泞。如今男女老幼出了家门,脚下便有这银白色的小路,顺着它,可以一直走到镇子,走拢集市,走上茶楼……

年轻的乡长啊!这银白色的小路,像一套新的《子夜吴歌》,吟唱着只有这几年才能出现的新鲜事。它让我们珍惜带来这物质、精神双重文明的源泉,它促使我们把幸福的飘带进一步伸向未来。

太湖归来,我曾做梦,梦中我走在那银白色的小路上,放喉与欢乐的水乡同胞相唱和。

窗外紫薇盛开

你们一定把我忘了,可我永远记得你们。你们苏州刺绣研究所,每天该有多少人参观啊！你们习惯了那沙沙的脚步声和抑制不住的惊叹。你们垂下睫毛，用纤纤细手，娴静地绣啊，绣……

你们绣出过栩栩如生的小猫和金鱼，你们绣出过飘飘欲出的嫦娥和玉兔。如今你们三姊妹，又在合作一幅双面异色绣的中堂屏风，你们绣的是虎丘景色。绣成以后，两面取景相同，但一面是春光烂漫，另一面是秋色宜人。你们要细心地选择丝线，有的地方，一根本已细如发丝的彩线还需再劈分为四等份、八等份才好使用；你们运针不能打结，必须将两面的针脚妥帖掩藏；你们虽有图样可据，但具体下针时，必须根据经验、悟性和灵感机动变通。面对着绣绷，你们暂时忘记了爱人和孩子，忘记了灶房中该去打油的空瓶，忘记了缝纫机上尚未完工的衣衫，你们低着头，默默地绣啊，绣……

我忍不住打搅了你们，问："这幅屏风，你们要绣多久才能绣完啊？"

你们中的一位抬起头来，淡淡地笑着，仿佛是不经意地告诉我："抓紧一点，两年可以绣完。"

啊，两年！你们手下一件劳动成果，竟要占有你们许多的生命！我的苏州姊妹啊，你们以往的青春，已然被默默地绣进了几件作品中！你们正在逝去的年华，又将默默地熔铸在几件作品中？你们绣出来的绣品，那么灿烂，那么辉煌，不仅为祖国赚取着宝贵的外汇，更发扬着我们民族艺术的传统之光。可你们自己却那样地朴素无华，无声无息！古人感叹："流光容易把人抛，红了樱桃，绿了芭蕉！"然而从樱桃谢落到蕉叶卷绿，你们手下的绣品还远不能告竣。如今，你们窗外紫薇盛开，待到庭院中蜡梅放香时，你们才该绣至一半吧？我愿成为你们窗外的一枝紫薇，在默默地注视中，把你们的耐性、韧性和心灵中那丝丝缕缕抽取不尽的美，尽情吸收！

\试卷上的作家

精彩赏析

　　本篇文章采用第一人称的叙述方式，分别讲述了三个不同的故事，使读者能更具体地体会作者在不同故事中真实的想法和情感。第一节故事中，作者用一句"我一直怀念着你"开篇，充分调动了读者的好奇心，增加了故事的神秘感。同时，作者用"看林人有烟瘾但不带烟""不带书报""不听歌曲"，反衬看林人的尽职尽责与无私奉献。第二节故事中，作者多次运用环境、场景描写，将银白色的小路让乡村人民告别泥泞的画面生动形象地描述了出来，表达了对太湖发展进步的赞美，同时也为乡村的人们过上幸福生活而感到欣喜。第三节故事中，作者通过描述自己在苏州刺绣研究所的所见、所闻，并运用拟人、夸张的修辞，展现了令人惊叹的刺绣艺术，同时对绣女们将青春奉献给传统文化的赞颂。

炸酱面

● 心灵寄语

> 在美的事物中，给予人最持久、最令人享受的，还是常态的美。

人饿极了，脑子里就会浮现出最想吃的东西来。我问过一位老同志。他让我猜他饿极了或勉强咽着极糟糕的食物时，脑子里热腾腾、香喷喷地浮现着的食物是哪样。我起头净往山珍海味上猜，因为这位老同志，本是搞外事工作的，想必灯红酒绿的宴席上的佳肴，最能勾起他的浓酽的回味。他坚决地否认了。看我总猜不着，他便提醒我说：就是北京人平日常吃的好东西。我便猜烤鸭子、涮羊肉，他还是摇头。后来他告诉了我谜底：炸酱面。

去年秋冬在美国访问，时间过了一个月以后，就开始想家。家是最具体的东西。具体到厨房里油锅热了，妻子把生菜倒进锅里，所发出的那么一种特有的难以形容的声音，然后还有锅铲碰撞锅底敲击锅帮的声音。吃了美国朋友破费招待的英式煎牛排、法式烤龙虾、德式烩羊腿，以及许多中餐馆的各式风味菜，自己一路上也掏腰包吃了无数"麦当劳"及其他快餐连锁店的汉堡包、三明治、意大利比萨、墨西哥煎饼、日本寿司、印度尼西亚抓饭，胃口总算不错，也时时发出"值得一品"的感慨。但越到后来，心里头就越想家里的饭，脑子里不禁活脱脱地浮现出最怀念最向往的食物，哪一样？说来莫怪——恰恰也是炸酱面。

我本是四川人，但八岁就来北京定居，三十多年过去，我在生活习惯上已大体上北京化了。烤鸭子和涮羊肉固然是北京的代表性美食，一年中吃的次数不算太少，但毕竟不是日常的食物。像豆汁、炒肝、炸糕、切糕、艾窝窝、驴打滚、豌豆黄、芸豆卷……更只是偶一享之的小吃，不可能正经当顿儿的。日常如同汽车进了加油站，郑重其事地补充能源，大口大口吞食的，往往还是炸酱面。

仔细想来，在美的事物中，给予人最持久的享受的，还是常态的美。炸酱面于我便饱含着生活的常态之美。人在沙漠中渴望生命之绿，头脑中未必浮现出风景名胜地的修林茂竹，倒很可能油然地显现家乡最平凡然而也最生动的一角绿野。我在纽约夜里独宿思念北京时，头脑中似乎并没有凸现出天安门城楼或万寿山的佛香阁，倒是我度过童年时代的那条灰色的胡同，以及胡同中那株皮瘤累累、绿冠摇曳的老槐树，在我脑海中沁出一片温馨。

在旧金山的唐人街，也曾巴巴地寻到一家卖炸酱面的中国餐馆，搓着手咂着舌要了一碗炸酱面。但端来以后，看不中看，吃不中吃，总觉得是赝品。的确，炸酱面这类家常便饭，必得由家里做、在家里吃，才口里口外都对味儿。所以，炸酱面里实际上又凝聚着一种家庭之美、亲情之美。

就我所知，许许多多的北京人家庭，一年四季里的家庭快餐主要便是炸酱面。炸酱是一次炸一大碗，乃至一大钵。一般用黄酱炸，也有用甜面酱炸的。汉民炸酱里一般都放肉丁。炸酱里不兴放净瘦肉肉丁的，那样炸出来拌进面里反不好吃，一般是肥瘦兼有，炸酱放凉了后上头可以汪着一层油。回民及一些怕荤腥的汉民则时兴往炸酱里搁鸡蛋或虾皮，油不那么重，炸得放凉了不汪油，看去很像美国人爱吃的巧克力酱。炸酱面的面条最好是和面来自己抻，或擀成薄饼状再切成一条条的。当然现在双职工居多,难得自己弄。一般都是在粮店买现成的切面,实在没有切面,则挂面、方便面,也都可以拌炸酱吃。只要面煮得热腾腾的,炸酱就是凉的也无碍。当然讲究一点的,还是顿顿都把炸酱熥一下再吃。吃炸酱面时一般都要准备足够的菜码,夏天黄瓜、小萝卜最佳,洗干净了不切,攥在手里边吃面边啃几口,那知足劲儿就别提了。冬天则用大白菜、菠菜、胡萝卜切成碎块长丝用水焯了,配着吃。多半还会剥几瓣白亮亮、肥嘟嘟的大蒜,时不时吃一口。唉,炸酱面哟,时下的北京城——也许还不仅仅是北京城,恐怕还有许许多多北方的城市乡镇,普通的家庭、普通的双职工、普通的百姓,主要靠你提供日常的热力和动能,在各自的位置上活跃、编织、推进着被我们以激动人心的字眼命名的民族大业。作为一种民族文化,一种社会生态景观,你会长存吗?

　　炸酱面的主要成分还是淀粉。据说以淀粉为主的饮食结构是一种落后的结构。不过我们这么一个人口数目庞大的民族,恐怕不可能在短时间内改变为以精肉蛋乳和菜蔬水果为主的那么一种饮食结构。所以炸酱面至少于我辈除了实用价值外,也还具有某种暂难消弭的审美价值。

　　我不禁想起1966年9月底的一件事。我和当时任教的那所中学的一批教师到北京远郊一个偏僻的山村进行劳动,山村淳朴的农民们得以公开地善待我们。有个贫农小伙子,叫张连芳,同我处得很好。他父亲是个老贫农,身体很衰弱,老伴早已去世,又无别的子女,同张连芳相依为命。连芳每日下地干活挣工分,他就管在家做饭。有天傍晚,张连芳把我叫到僻静处,跟我说:"过两天该国庆节了。俺跟队上说了,跟你们的头儿也说了,节里让你到俺家吃。"我感动得本已浑身微微颤抖,忽然又听他凑近我耳朵说:"俺爹给俺俩做好吃的哩。你知道吃啥吗?吃面条儿哩,吃炸酱面哩。你吃过面条儿吗?吃过炸酱面吗?"他那最后两句落进我耳朵里时,我灵魂感动得犹如飓风扫过大海,我紧紧攥住他粗大皲裂的手,抬眼一望，他脸儿红红的，放着光！鼻子一酸，我扑簌扑簌地落下了泪。

那时候张连芳他们那个山村，是贫穷而闭塞的。主食主要是玉米和白薯，小麦极其珍贵。张连芳已经十八岁了，还没有去过密云。在他来说，吃白面条儿，拌炸酱吃，是天大的乐事，而他竟愿意同我分享！如今回忆起那一餐炸酱面来，再联想起这些年所经历的种种浮沉，人生百味一齐扑上我的心头！

那从地理距离上算去并不遥远，而从平均生活水平算去曾相距甚远的密云小山村，如今该是怎样的面貌呢？张连芳想必早已娶妻生子，他的父亲，那憨厚慈祥地给我做炸酱面吃的老人，该还健在吧？在他家的餐桌上，炸酱面该不再是珍奇的食品；他还记得我吗？记得我那从灵魂里流出的泪珠，滴落在他那皲裂的手掌上的感觉吗？

今晚又吃炸酱面。这些年来吃过的炸酱面，陆续化为了脑的、腿的、手的力，化为了一些文字。今晚所写下的这些，该也对得起今晚的一大碗炸酱面吧？

精彩赏析

作者向我们讲述了关于炸酱面的一些人、一些事和一些经历，语言流畅，内容丰富，好像一场视觉和感觉上的盛宴。炸酱面对于作者来说，是在困境之中最怀念最向往的食物；是远离家乡时，家庭的代表、亲情的代表；是平时工作的动力和热能的提供者。作者对于炸酱面是如此熟悉，他向我们详细地介绍了炸酱面的制作过程和主要特色，就像介绍一位再熟悉不过的老朋友。最后作者讲述了一件关于张连芳和炸酱面的故事，将文章的感情推向了高潮。炸酱面对于那个时候的作者来说，是在困境中得到的温暖；对于张连芳来说，是他最宝贵的东西。一碗炸酱面的感动，其实是作者对张连芳以及那个山村居民的同情，也令读者被张连芳的朴实所触动。

起点之美

◆ 心灵寄语

> 终点之美，属于优胜者。起点之美，属于每一个人。

到现场观看赛跑，多数人总愿选择离终点最近的位置，我却偏爱在起跑线附近观看。运动员在起点上的美往往被人忽略。其实，当运动员们在起点脱下外面的罩衣，露出紧凑而富有弹性的筋肉，先略事活动臂膊、腿脚、腰肢，再渐渐弹跳着、抖擞着，准备进入比赛，那神情、那体态、那气氛，就已非常之优雅。等到运动员们在起跑线上找准自己的道位，在裁判员一声威严而悠长的"预备——"声中，各自凝聚起他们灵魂的注意力，拼搏进取，并透过他们的每一块肌肉、每一根筋腱显现出他们肉体所蕴藏的爆发力、弹射力、承受力，那时他们简直就是一列力与美的活雕像。家里有了录像机后，我常把这样的场面录下来，并用慢放、定格的方法细细品味起点之美。我看清了在比赛现场往往看不清楚的运动员们的面部表情。那起点上的表情实在是人类最美好的表情之一。倘若说恋人的表情是人类延续不灭的象征，那么，起点上的表情便是人类进取突破的希望。

人生的终极点只有一个，然而起点却有许多。运动场上的起点是明显的，生活中的起点往往较为隐蔽。一个想向文坛进军的青年在深夜灯下铺开了稿纸，用手中笔郑重地写下了第一行字；一个刚到单位报到的大学毕业生，头一回走进办公室，他尽量大大方方地望着大家，大家都好奇而友善地望着他；一个才把趸来的川橘铺排在货位上的个体户，用戴着厚厚棉手套的双手捂捂冻得发红的耳朵，瓮声瓮气地发出他的头一声吆喝："大橘子包甜咧——"；一位才任命的局长，不大习惯地坐在来接他开会的轿车里，想同司机说句亲热的话却不知该拣哪一句说；一个已经走红的大明星，倚在沙发上读别人新送来的剧本，刚刚开始觉得那个女主角有点挠头；一个明天要应考的中学生，把捧着的课本贴在胸前，在忍痛关闭了的电视机前点着下巴背诵单词……

"预备——"，生命之神在行使裁判员的职责，向人们发出悠长的指令。

凡凝神谛听他的指令并尽全力准备投入的人，都是美的。

尽管在终点处会出现绝不平衡的场面：文学青年的稿子也许会被退回；走向社会的大学生也许会碰许多的钉子；卖橘子的个体户这一回也许不能大赚；新上任的局长也许不久便会调离；大明星的下部戏也许会砸锅；中学生第二天应考时也许会失常。谁也保不齐在那等待着我们的终点上不会落伍、失败甚至被淘汰掉。

然而，对于人生来说，终点固然诱人，起点更弥足珍贵。一时的终点上的失美，并不是什么不得了的事。可怕的是寻找不到新的起跑线，失去了在"预备"声中大大振作起来的力与美。

终点之美，属于优胜者。起点之美，属于每一个人。而自觉地进入起点并调动起自己的美来，也便是人生中的一种优胜。

精彩赏析

　　作者开篇向我们描述了运动员的起点之美，在起点上的运动员是优雅的、注意力集中的、奋发拼搏的、充满力量的。"人生的终极点只有一个，然而起点却有许多。运动场上的起点是明显的，生活中的起点往往较为隐蔽。"作者用这句话引出了生活中的起点，并列举了几个例子：青年作者、毕业大学生、个体户、刚任命的局长、明星、中学生等，他们在自己人生的起点上全力投入，都是美的。然后，作者笔锋一转，叙述了他们在终点也许不会得到自己想要的结果。最后，作者抛出了自己最终的观点，也是文章的中心思想：人生的终点固然诱人，但是起点更加珍贵。终点的一时失利，其实并不重要，重要的是能够重新找到新的起点，振作起来，更加积极地去拼搏，取得最终的成功。

为你自己高兴

● 心灵寄语

即使自己普通至极,也要珍爱自己,并享受平凡而实在的人生。

朋友小凌自幼双腿萎瘫,在一家印制包装纸的福利工厂工作,业余时间爱看文学书,常到我家来借。我有一天就对他说:"你怎么不立个大志向,发奋写作,也成个作家?"我自然举出了古今中外一些例子,又借给他《三月风》,鼓励他登上"维纳斯星座"。当时他没说什么,过些天来还书,他告诉我:"我没有写作的天分,我就这样当个读者挺好。"临告别时又笑着说,"我活得挺自在。我为自己高兴。"

上个星期天我在大街上看见了他。他骑着电动三轮车,后座上是也有残疾的妻子。搂着他们完全健康的小女儿,三个人脸颊都红彤彤的,说是刚从北京游乐园玩完回来。真的,他们全家都为自己高兴,那是人生中最扎实最醇厚的快乐!

为自己高兴吧!我为什么不完美?——别钻那牛角尖。让我们都像小凌那样,坦然无愧地看待自己,珍爱、享受平凡而实在的人生!

一个作家朋友得了个奖,却很不高兴。为什么?因为有人问:"为什么只是个地区奖,而不是全国奖?"如果他得了全国奖,那么又可以问:"为什么不是最高奖?"如果是最高奖,那么又可以问:"为什么国际上没得奖?"如果国际上得了奖,那么还可以问:"为什么不是诺贝尔文学奖呢?"倘真得了诺贝尔文学奖,也仍然可以极为好心地、激励他向上地、不问白不问地问他:"怎么得奖后反倒写得不那么多,而且,怎么写出的作品倒不如以前的好?怎么就没有新的突破了呢?"……这样一路问下去,会有什么样的结果呢?也许会有正面的例子,但我举不出来。我知道美国的海明威和日本的川端康成都是在获得诺贝尔文学奖不久后自杀身亡,也许那自杀的心理因素非常复杂。但一些评论家讥讽海明威的"江郎才尽",社会舆论对川端康成达到至美至丰境界的高于富士山的期盼压力,很可能是那诸多因素中相当重要的一种。

不要为自己树立高不可及的标杆,更不要被别人往往确实是出于好心好意的刺激而陷入自卑自怨自责自苦的泥潭!

有一天,开电梯的小倪刚从发廊理发完来上班。楼里乘电梯的人们都说她这下更像电视里出现过的某位歌星了。说一次也罢,后来有的人确实出于好心,出于善意,往往也是出于无聊,出于没话找话,更有出于起哄的,不断地用这类话来激小倪。比如你为什么就不去试试,也当个歌星,也上上电视呀?你为什么就甘心窝在这小笼子里呀?你这么好的相貌,这么活泼的性格,为什么不去当个广告模特儿呀……有一天,众人正在电梯里哄着,小倪就高声宣布说:"你们说的那位,顶多算个三流歌星,我可是个一流的电梯工!不是我像她,是她长得像我!"说完她哈哈大笑起来。小倪在为自己高兴。她高兴自己的工作,自己的平凡,自己的不必上电视,自己的适得其所,自己的不为他人左右……

是的,要为你自己高兴:你的个子最适合于你,你的相貌为你所独有,你的身体状况即使不佳、即使有残,那也无碍你内心的自尊与自爱;因为你在诚实地生活,在认真地工作,在挣得你应得的一份，在享受社会应为你提供的那一份快乐；你每天晚上问心无愧地安睡，你每天清晨兴致勃勃地迎接又一个平凡而充实的日子……是的，你不一定要成为维纳斯，不一定升为星座，但你可以尽情欣赏"维纳斯星座"；你不一定要出现在电视上，但你在生活中完全可以拥有比那更多的乐趣……

争取不凡，诚然可敬可佩，然而甘于结结实实的平凡，如小凌、小倪，则更可爱可羡……这个世界很大，机会确实很多，然而这个世界也很小，机遇又极为难得。我们应在奋力进取与适可而止之间取得一种平衡。我们要懂得这个世界不单是为不平凡的人而存在的，恰恰相反，这个世界主要是为平凡的人而存活。为你自己高兴，因为你的努力奋进已取得了一些成果；为你自己高兴，因为你能够如现在这样也真是挺不错；为你自己高兴，因为你不为自己设置徒添烦恼的标杆，更不受他人那出于好意而设置的缥缈标杆而蛊惑；为你自己高兴，为你那平凡而充实的、问心无愧的存在而高兴！

精彩赏析

作者从自小双腿瘫痪的小凌身上受到很深的启发，引出了文章的主题：坦然看待和接受自己的平凡，并为自己高兴。作者在文中向我们讲述了一个作家得了奖却不高兴的故事，因为身边的人总是给他一种无形的压力，让他难以为自己高兴，并列举海明威和川端康成的例子。接着，作者又讲述了一个电梯工小倪的故事，这个故事是对文章主题的拓展和深化。最后一段，作者借用上述故事总结概述了自己的观点，进一步阐明了文章的中心思想：为你自己高兴，为你那平凡而充实的、问心无愧的存在而高兴！

青春的门槛

● 心灵寄语

> 青春是如此美好，但青春的门槛那边更奇妙。只有迈过青春的门槛，经历生活的痛苦与挫折，才能获得更大的快乐。

　　有一个青年，他想画一幅题为《青春的门槛》的画。他画了无数次，撕毁了无数次，久久地没有画成……

　　因为他心里淤塞着一团乱麻般的思绪，他怕迈出那青春的门槛，怕失去还没有享受够的青春……

　　是啊，青春的美好，不必详尽地铺陈，单单想到这一点便令人心醉——青春是一种特权！

　　"他还年轻！"这是人们对青春期中的红男绿女的一种覆盖面极宽的赦免。可以任由他们糊涂一点、马虎一点、浪漫一点、淘气一点、懒惰一点、疯狂一点……无妨犯一点错误，或者无妨耍一点脾气，肆无忌惮地笑，尽情尽兴地哭……因为他们正当青春，所以不要苛责他们！

　　"我还年轻！"这是自己对自己的一种几近于全面的谅解。以后的事情以后再想，以后再谈。让世界只是一幅画、生活只是一首歌、理想只是朦胧的朝霞、事业只是远方的车站……因为我们正当青春，所以只管扭动欢快的舞步！

然而岁月匆匆，一个那样的日子终于来临——脚尖触到了门槛，青春的门槛！

抬头一望，门槛外面是一个惊心动魄的世界。

迈出那门槛，责任和义务将沉重地压到肩头；原来只觉得别扭而从未深究过的他人的目光，逼近面前，不得不认真地加以剖析；啊，人际关系如此这般错综复杂，而自己终于不能再回避；没有人轻易对你谅解和宽宥，连自己也不能不对自己的一言一行、一颦一笑细加反刍审评；感情世界竟也变得如此迷离扑朔，原来绝不能轻言友谊和爱情；道德是生活这个大鱼缸的玻璃外壁，看似透明、无妨穿游，却无比坚硬、不许超越；世界不是一幅画而是一种复杂深奥的存在，生活不是一首歌而是一篇难以答好的考卷，理想必须明晰并切实地作出抉择，事业是一趟已经开来不抓紧时间努力登上去便要迅即开走的列车……

啊，青春的门槛！

狂跳的心啊，你能不能平静些，告诉我，告诉我，能不能不迈过去？怎样迈过去？……

你怎能不迈过那青春的门槛？那是无可回避的。世上有那样一种人，他年龄早已超过青春期，但心理结构和为人处事水平仍停留在青春门槛以内。这种人常常不能适应社会、生活。永远保持青春的活力是非常美好的，永远保持青春期的心理结构和为人处事水平，特别是超越青春期仍建立不起坚实的信仰、理想、道德观和事业心，那就不但不成其为美好，甚而要堕入丑陋和丑恶了！

你必须勇敢地迈过那青春的门槛！

当你脚尖触到青春的门槛时，你必须勇敢地失去青春！

只有丢失青春，才能换取成熟。

只有任仲春的劲风吹落花瓣，才能在骄阳中结出你青色的幼果。怎样迈过那青春的门槛？

要义无反顾。青春诚美好，但青春必凋零。迈过去！敢于用你还不够坚实的肩膀承受社会压上来的责任和义务；敢于面对波诡云谲的社会生活，敢于迎接微妙的眼神、莫测的心机与需要仔细破译的话语；敢于在感情世界里经受超越天真烂漫层次的严峻到甚至于痛彻肺腑的考验；敢于树立起宏大的理想目标；敢于以坚韧的毅力和奋发的进取开创出时代、祖国和人民所需要的业绩……

要欢欣鼓舞。青春诚美好，但青春的门槛那边更奇妙。花儿落了，会有果实。最初的果实的确是苦涩的，甚至是丑陋的，然而果实比花朵更有价值。随着新的岁月中的奋斗，果实将逐渐硕大，逐渐饱满，逐渐光彩照人，逐渐果香四溢——青春如花，点缀得这个世界缤纷似锦，但主要是供于观看；青春后的生命如果使这个世界变得滋养，并通过种子延续着人类的文明，它就不仅是供于观瞻而是创造出新的生命……迈过青春的门槛，在失落的痛苦过后，又将获得多么大的快乐！预支一部分那至高的快乐吧，果断而敏捷地迈过青春的门槛！

有一个青年，他想画一幅题为《青春的门槛》的画。他画出了一个高耸的门洞，门洞这边是一个撑壁犹豫的青年，门洞外的强光勾勒出他的剪影，他正待迈出那门洞下的门槛却还缺乏最后的一份勇气——而门洞外是一眼望不清的缤纷世界，显得神秘莫测，令人胆怯心惊……

他该怎样才能把这幅画儿画得更好？

年轻的朋友们啊，让我们一齐帮他来画！

精彩赏析

本文巧妙地用《青春的门槛》这一幅画把整个文章串联起来，形成首尾呼应，同时绘画的青年从一开始的迷茫，无以下笔，到知晓如何绘画。这样的设计使文章结构比较紧密，使故事情节更加完整。文章采用欲扬先抑的手法，首先描述了青春门槛外面的惊心动魄，然后又展示了青春门槛外面的美好，两者形成鲜明的对比，让读者很明显地感受到两者的变化和优劣，从而鲜明地表达出了作者的观点。文章的语言生动、形象，多处采用排比的段落和句式，使得文章读起来更加有气势。另外，文章的语言极具哲理性，如："超越青春期仍建立不起坚实的信仰、理想、道德观和事业心，那就不但不成其为美好，甚而要堕入丑陋和丑恶了！""只有丢失青春，才能换取成熟"等，能够启发我们对青春门槛内外的思考，让人受益匪浅。

坐在门槛上的送煤工

● 心灵寄语

> 一种自发的、非功利的、全身心的审美愉悦，是人生途程中最幸福的境界！

那时候，我还住在小杂院的平房中，没能享用上煤气和暖气，做饭取暖都必须依靠蜂窝煤。预定好的蜂窝煤由附近煤厂的工人蹬着平板三轮车送来。

记得那是初夏的一天，我一人在家，煤厂的师傅送煤来了。他把旧车轮剪成的皮条挎在肩上，侧身将装煤的竹筐用那皮条箍在腰侧，运到各家小厨房门外，便将煤饼有技巧地倒在地上。倘若哪家是老弱病残，他便帮忙将煤饼码好；倘若自己有劳动力，他便走人。我自然是可以码煤的人，师傅将煤倒下，我便道谢，请他进屋喝茶。他摇头说不喝了。因为送到我家小厨房门外是最后一站，他便站在那里点燃一支烟，用脖子上搭的已是灰黑色的毛巾擦着额上的汗，暂且喘息。

我埋头码煤。我家小屋里的录音机里正放着一盘西洋抒情小曲，我经常听那盘带子，喜欢，却多少已有点麻木。忽然，我直腰抬头之间，瞥见了那送煤师傅，他被录音机传出的乐曲吸引住了，乃至于点燃的烟吸了一两口后再没有去吸，慢慢地站在我家屋外的洋槐树下，显现出一个出自内心的略带惊讶的愉悦表情。

我知道那三十来岁的运煤工小学毕业后再没有受过什么文化教育，生活不富裕，视野也绝不宽广。依我想来，他的欣赏趣味也许只集中在比如说相声、评剧（那时还没有通俗流行歌曲出现）一类的品种上，因此在一瞥之中，我也不免有点吃惊，他怎么会被西洋古典音乐所吸引呢？

我便主动招呼他："进屋歇，进屋听吧！"

他问我："这叫什么曲子？"

我告诉他："是俄国作曲家柴可夫斯基作的曲子，叫《六月船歌》。"

他一脸入迷的表情，"啊"了一声。

"进屋坐，我把这曲子重放一遍，是好听，我也一直喜欢它。"

他却并不进屋。我明白他的表情和身姿表达的含意：他一身工作服上满是煤灰——岂止工作服上，他脸上也有煤灰，淌下的汗水又在那煤灰上画出了不能平直的道子——他怕进去坐会把我家沙发弄脏的。他淡淡一笑，脸朝外，坐在我家屋门的门槛上了。我便不再劝，赶紧调整录音带，重放那曲《六月船歌》。

在初夏的洋槐树下，树荫铺撒在我家屋门前，露出团团闪烁的光斑。洋槐花盛开着，漾出阵阵清香，《六月船歌》那柔曼的曲调越过坐在门槛上的送煤工那厚实的身板，送进他的耳中，传到院里……我永生难忘从他脸上所看到的那种由衷的审美愉悦感。

《六月船歌》放完了，他也便走了。烧完他那回送的蜂窝煤，我也便搬到很远的楼房里去了。我再没有见过他，但我脑海里永远刻下了坐在门槛上听《六月船歌》的送煤工形象。多少回我想把那形象画下来，却总不能成功。

坐在门槛上的送煤工，使我意识到，进入一种自发的、非功利的、全身心的审美愉悦，哪怕是偶然遭遇，为时短暂，那都是人生途程中最幸福的境界！

我年轻的朋友们啊，敢问你们，在你们的生活途程中，可有过这样的时刻？

或许，你整日被裹挟在熙攘的人流和事涡之中，简直没有静下来享受文学艺术和大自然的间隙，审美愉悦竟与你无缘！

或许，你总是被世俗的审美潮流牵着鼻子走，人家听什么你也听什么，人家看什么你也看什么，人家说好你即使并不以为好也跟着说好。潮来潮去，你在潮水中随涨随落，久而久之，你甚至在面对着你跟随潮流所追逐的对象时，已无多少真正的审美愉悦可言。你所获得的，也许仅是浅薄的"我总算不落伍"的心理满足！

或许，你确实不为潮流所驱动的，你能冷静，能抉择，但你是否又被一些功利性的前提所支配呢？比如，你总想自己也从事某种门类的文艺创作，你总在分析辨识、预估预测，这样的东西会"又叫好又卖座"吗？那样的东西舍俗就雅值得吗？太古典是否趣味太保守了？太新潮是否格调太粗野了？……结果，你尽管浏览了许许多多的文学艺术作品，却总不能使审美意识摆脱功利前提，因而也总不能进入那坐在门槛上听《六月船歌》的送煤工的审美愉悦的佳境。

人生途程说长也短，说短也长；人生乐趣说多也少，说少也多。在毕竟有限的人生途程上，更多地享受人生乐趣吧——在诸种人生乐趣之中，那种凭借直感摆脱世俗牵缚和功利前提，而全身心投入艺术世界和大自然魂魄的审美愉悦，是最宝贵的时刻、最瑰丽的境界！

精彩赏析

本文采用夹叙夹议的叙述方式，向我们讲述了作者看到送煤工坐在门槛上听《六月船歌》时脸上呈现的那种由衷的审美愉悦感，被其触动，从而发现了许多不曾发现的人生哲理。这种手法更容易表达出作者的观点和感情，容易引发读者的共鸣。文章句式灵活多变，多次运用疑问句、感叹句、反问句等，如"在你们的生活途程中，可有过这样的时刻？""这样的东西会'又叫好又卖座'吗？那样的东西舍俗就雅值得吗？太古典是否趣味太保守了？太新潮是否格调太粗野了？"等，使文章具有很强的表现力和节奏感，读来不觉枯燥，增加了文章的可读性。另外，作者非常注重细节描写，对送煤工的外貌、动作、表情等描写得细致入微，并从送煤工的一件小事中，悟出了人生的道理，可谓以小见大，使读者有更大的想象空间。

第八棵馒头柳

● 心灵寄语

> 第八棵馒头柳，将丈夫和妻子的心紧紧地连在一起，也见证着夫妻两人之间的深情厚谊。

丈夫是搞地质的，出差是家常便饭，总是背袋一背就走了，她从来不送。丈夫下楼出门也从不回头张望。

这回丈夫又走了。门在丈夫背后撞上时，她正站在饭桌边收拾碗盘，一副若无其事的表情。但门撞上以后，她却撂下手里的东西，去往阳台。她站在阳台上朝下望。阳台下面是马路。马路边上栽着一排馒头柳。馒头柳的树冠又大又绿，从楼上俯看并不像馒头而像帐篷。她习惯地朝阳台下往东数第八棵馒头柳那里望去。她等待着，她知道，再过五六分钟，丈夫的身影将在那馒头柳下出现。他们这幢楼的楼门开在没有阳台的一面，从楼门出去绕出楼区前往地铁入口，必从第八棵馒头柳那儿经过，然后便被一座治安岗亭遮住视线。每次她总是欣慰地在预计的时间、预计的位置望见丈夫宽厚的背影，特别是那只经丈夫设计再由她改制的帆布旅行背包，她总默默地对着那脊背那背包送去她的祝福。但她从未向丈夫吐露过这隐秘的一幕，连儿子也全然未曾察觉过。

\ 试卷上的作家

　　这天她习惯性地去往阳台一站,却忽然不习惯起来,因为丈夫的背影迟迟没有出现。他必得去乘坐地铁直往北京站,不可能改往别的方向;怎么第八棵馒头柳下不见他的踪影?惶急中她痛切地意识到,这往常短暂而稳拿的一瞥于她有多重要!

　　她忍不住跑往楼下。楼门口空空荡荡。她不知不觉地来到第八棵馒头柳下,朝四面张望着。难道他钻到地底下或飞到天上去了?真不可思议。她差一点儿跑进治安岗亭去报失。回到楼上家中,儿子来跟她说什么她没听见,却听见了街上急救车呜哇呜哇的由远及近又由近及远的声响,她无端地朝儿子发了火,心里堵着一块鹅卵石。

　　接连好几天她都无精打采。她一会儿暗自取笑自己,一会儿又从逻辑推理上断定情况的不正常。终于,有天晚上她接到了他从很远的地方打来的电话,她情不自禁地说:"你哪儿去了你?你急死我了!"丈夫莫名其妙,于是她便向他倾诉了一切,她是怎样每次分别时都表面若无其事,而每次却都要跑到阳台上去望他的背影,在那第八棵馒头柳下……电话那边沉默了一会儿,然后是丈夫深受感动的声音:"傻女子!那天我刚一出门就遇上了咱们楼老王,他们单位的车正好接他去火车站,我就蹭了他的油,你真是死心眼儿……不过,我知道那棵馒头柳,对,第八棵馒头柳,你知道吗?每次我出差回去,你别看我进门的时候没事人儿似的,其实我一走到那棵馒头柳下,就忍不住抬头望向咱们家的阳台、咱们家的窗户,有时一站好几分钟,特别是晚上,那一窗灯火让我心里头觉得我好爱你们!……"

　　撂下电话,她才发现儿子站在面前。儿子正问她:"妈,您干吗抹眼泪?"

精彩赏析

本文语言流畅，故事情节刻画详细、完整，向我们讲述了夫妻二人各自藏在心里的小秘密。文中注重对人物细节的刻画，又采用对比的手法，将夫妻二人分别前毫不在意，与分别后无比牵挂的样子描绘得活灵活现，仿佛就发生在读者眼前，令人感同身受。特别是妻子在第八棵馒头柳下没有看到丈夫之后，她"忍不住跑往楼下""差一点儿跑进治安岗亭去报失""无端地朝儿子发了火"，更加突出了妻子对丈夫的深厚情感，同时妻子的担忧也是作者设下的一个悬念，"丈夫究竟怎么样了？"这个疑问一直牵动着读者的心，随后作者顺势引出丈夫对妻子的牵挂与爱意。文章最后借儿子的话引出母亲抹泪这一情节，而她抹泪既是因为丈夫安然无恙，她悬着的一颗心终于落下来了，也是因为她为丈夫也一直牵挂着家庭而感动。

从一个微笑开始

❀ 心灵寄语

> 微笑吧！在每一个清晨，向着天边第一缕阳光；在每一个春天，面对着地上第一针新草；在每一个起点，遥望着也许还看不到的地平线……

又是一年春柳绿。

春光烂漫，心里却丝丝忧郁绞缠，问依依垂柳，怎么办？

不要害怕开始，生活总把我们送到起点，勇敢些，请现出一个微笑，迎上前！

一些固有的格局被打破了，现出一些个陌生的局面，对面是何人？周遭何冷然？心慌慌，真想退回到从前，但是日历不能倒翻。当一个人在自己的屋里，无妨对镜沉思，从现出一个微笑开始，让自信、自爱、自持从外向内，在心头凝结为坦然。

是的，眼前将会有更多的变故、更多的失落、更多的背叛，也会有更多的疑惑、更多的烦恼、更多的辛酸，但是我们带着心中的微笑穿过世事的云烟，就可以沉着应变，努力耕耘，收获果实，并提升认知，强健心弦，迎向幸福的彼岸。

地球上的生灵中，唯有人会微笑，群体的微笑构筑和平，他人的微笑导致理解，自我的微笑则是心灵的净化剂。忘记微笑是一种严重的生命疾患，一个不会微笑的人可能拥有名誉、地位和金钱，却一定不会有内心的宁静和真正的幸福，他的生命中必有荫蔽的遗憾。

我们往往因成功而狂喜不已，或往往因挫折而痛不欲生。当然，开怀大笑与号啕大哭都是生命的自然悸动，然而我们千万不要将微笑遗忘，唯有微笑能使我们享受到生命底蕴的醇味，超越悲欢。

他人的微笑，真伪难辨，但即使是虚伪的微笑，也不必怒目相视，仍可报之以一粲；即使是阴冷的奸笑，也无妨还之以笑颜，微笑战斗，强似哀兵必胜，那微笑是给予对手的饱含怜悯的批判。

微笑无须学习，生而俱会，然而微笑的能力却有可能退化。倘若一个人完全丧失了微笑的心绪，那么他应该像防癌一样，赶快采取措施，甚至对镜自视，把心底的温柔、顾眷、自惜、自信丝丝缕缕拣拾回来，从一个最淡的微笑开始，重构自己灵魂的免疫系统，再次将胸臆拓宽。微笑吧！在每一个清晨，向着天边第一缕阳光；在每一个春天，面对着地上第一针新草；在每一个起点，遥望着也许还看不到的地平线……

相信吧，从一个微笑开始，那就离成功很近，离幸福不远！

\ 试卷上的作家

精彩赏析

"春光烂漫,心里却丝丝忧郁绞缠,问依依垂柳,怎么办?""请现出一个微笑,迎上前!"文章以设问句开篇,一问一答,引出了文章的主题:面对忧愁和烦恼,要学会微笑面对。本文富含哲理,特别是"群体的微笑构筑和平,他人的微笑导致理解,自我的微笑则是心灵的净化剂""微笑战斗,强似哀兵必胜,那微笑是给予对手的饱含怜悯的批判",说明了微笑的重要作用。文中多采用排比的句式,如"微笑吧!在每一个清晨,向着天边第一缕阳光;在每一个春天,面对着地上第一针新草;在每一个起点,遥望着也许还看不到的地平线……",增强了文章的气势和节奏感,读来朗朗上口,使道理描述更加充分透彻,容易理解。文章语言优美,辩论性很强。

预测演练一

1. 阅读《炸酱面》,回答下列问题。(16分)

(1)关于炸酱面的故事,作者想到了两个人,请简要概述一下这两个人的故事。(4分)

____

(2)作者在文中提到的吃炸酱面的菜码,夏天和冬天一样吗?具体是什么?(3分)

____

(3)对于作者来说,炸酱面具体代表什么?(3分)

____

(4)"我紧紧攥住他粗大皲裂的手,抬眼一望,他脸儿红红的,放着光!鼻子一酸,我扑簌扑簌地落下了泪。"作者为什么落下了眼泪?(6分)

____

2. 阅读《起点之美》，回答以下问题。（8分）

（1）第一段中，运动员在起跑线上的"起点之美"主要表现在哪些方面？（2分）

（2）作者在第二段列举了生活中六种人的新起点，有什么作用？（3分）

（3）作者为什么说"一时的终点上的失美，并不是什么不得了的事"，"可怕的是寻找不到新的起跑线"？（3分）

3. 写作训练。（60分）

萧伯纳曾说：青春是美妙的，浪费青春就是犯罪。

陈独秀说：青春如初春，如朝日，如百卉之萌动，如利刃之新发于硎，人生最宝贵之时期也。青年之于社会，犹新鲜活泼细胞之在身。

你认为的青春是怎样的呢？你憧憬的青春又是如何的呢？请结合实际，写一篇关于"青春"的文章。

要求：标题自拟，角度任选，主题突出，不少于800字。

那天，你丢失了什么？

🌸 **心灵寄语**

> 诚恳、诚信、善良这三种做人的基本品德，弄丢了不仅无处可买，想要找回来也是难上加难。

没有呀，你说，那天参加完"派对"回家，什么也没丢失呀！钱包、手机、项链、手表……一样也没少，就连以往最容易忘记带走的太阳镜，这回也没落下啊！

可是，你确实丢东西了。

就在那个"派对"上，你对阿莽说："包在我身上！我叔叔就是个大公司的总经理，他们那儿正招聘你这样的人才，我去跟他一说，准行！"你并没有那样一位当总经理的亲叔叔，你家住的那栋楼里有一位邻居，倒是个总经理，但你平日只是在楼门前，见他从小轿车里出来，跟他打个招呼，叫他一声叔叔，他也就对你笑一笑。那么点交往罢了，你怎么可能介入他公司的人事，他又怎么可能轻易接受你对阿莽的推荐？

你对阿莽说大话。你丢失了诚恳。

阿莽把你的大话当真了。第二天他就把自己的简历发给了你，从附言里看得出，阿莽对你的承诺充满期盼，他焦急地等候你或那公司给他佳音。

面对阿莽的信息，你有些尴尬。

你给阿莽回信息。从实招认，那是酒后大话，这个念头在你心里转悠来转悠去，却最终被你抛弃。你在信息里对阿莽说："嘿，急什么，我叔叔出国了，下个月才回来，下个月包给你喜讯！"

你从贸然吹牛，发展到公然撒谎。你彻底丢失了诚信。

这类的丢失，如果自觉、及时地把它捡拾回来，不仅可以使他人脱离迷雾，更可获得自己内心的慰藉与平静。

你不是一个故意要误人的坏蛋。但从那天起，你的丢失接二连三。阿莽给你来电话，告诉你一个消息，他发给一家小公司的简历，有了回复，让他去面试。他问你，你叔叔接收他的可能性究竟有多大？如果是百分之九十以上，那么，他就不去那家小公司面试了。"嗨，你去试试有什么坏处？骑着驴找马，岂不更好？"这话已经到了嘴边，你却又咽下去了。事后你也曾后悔，倘若阿莽面试成功，去了那家公司，你前面的丢失虽然不能算作找回，但也总算告一段落，不至于越丢越多。但你在电话里回答阿莽的话却是："去那小公司干什么？多寒酸啊！我叔叔那边的可能性？我让我爸也跟他说啊……我爸是大股东哩……百分之九十？九十九都不止！……"关闭手机以后，你有点心慌意乱，但喝了一杯咖啡，你竟又把此事忘在脑后。

你的丢失越来越惨重。其中最珍贵的一样，是善良。

绝不能再丢失下去。离那天的"派对"，渐渐快一个月了。阿莽这些天一定会来问你："你叔叔回来了没有？什么时候，你能带我去见他？如果正式地面试，该再准备些什么？注意些什么？……"

你要设法把所有丢失的，都尽力找补回来。

是的，这已经很难。但不能再犹豫，这是生命的必须。

精彩赏析

这个故事构思巧妙，题目是《你丢失了什么》，表面上看丢失的是一种实实在在的东西，而文中指的却是一种看不见摸不着的非常重要的东西——诚恳、诚信和善良。你是怎么弄丢的呢？是讲大话，是虚荣心在作怪，是放不下自己的面子。本文语言流畅，又采用第二人称的叙述角度，使读者能迅速进入故事情节，同时便于作者更直观地抒发自己的情感。作者在行文过程中更为注重对人物心理活动的刻画和语言描写，通过人物所言与所想的不同，形成一种强烈的心口不一的感觉，并且一次比一次严重，以此衬托人物逐渐丢失了更多的东西。作者用这个小故事告诉我们，首先要待人诚恳，不能轻易说谎，因为一个谎话要用无数的谎话来圆。其次，做人要讲诚信，答应别人的事情一定要做到；如果做不到的事情，千万不要轻易允诺。最后，善良是我们做人的底线，是绝对不能逾越的。

大束百合

🌸 心灵寄语

> 作为《天鹅湖》中的"绿叶",她同样认真努力地把舞跳到最好,即使得不到任何关注,但她对舞蹈的热忱是最值得称赞的。

  看芭蕾舞剧《天鹅湖》,用望远镜细观台上,不是紧盯着王子和白天鹅,而是逐个地扫描那些配舞的天鹅。除了"三大天鹅""四小天鹅"外,还有若干容易被观众忽视目的"天鹅",而在她们当中,当舞姿"凝固"时,也还有排在前列与隐在后面的区别。于是从望远镜中注意到,在最后面,一位天鹅双腿优雅地分立,头颈微偏,双手兰花般交错于翘起的裙裾上,身影与其他天鹅同样地美丽,在耐心地作为暗景中的"绿叶",以衬托主角王子与白天鹅在追光中的"红花"怒绽。随着舞曲的流动,众天鹅也开始缓缓变换姿势,于是我从望远镜中清晰地看到了那只排列在最后的天鹅的细部,她的眉目在精心化妆后依然掩饰不了徐娘真龄,转动时,显露出锐瘦的锁骨,以及背后同样"锋利"的肩胛;可是,她虽隐于最后,却也满脸凄恻,浑身是戏……乐音陡变,众天鹅如风中白莲般翕合旋舞,转瞬我已不能再找到那位资深的舞娘……

  我的思绪飘出了《天鹅湖》所设定的故事,只把那乐音当作我内心喟叹的回响。我一时所关怀的,不是什么王子与白天鹅的悲欢离合;我在猜想,那位资深舞娘,她有着怎样的个人命运?当年她献身芭蕾这一"残酷的艺术",不惜脚趾流血、苦练虚脱,一定怀着充当舞台追光灯下的白天鹅的美梦。她曾圆过这个梦吗?也许,若干年前,她确曾是众星所捧的那个月,可是时光无情,后生可畏,她渐渐地,先是让出白天鹅这一主角,再让出"三大天鹅"之一的位置,又让出了第三幕中的西班牙舞等短暂"抢眼"的位置。在演出的说明书上,她从"挂头牌"到名字列于后面,到隐入于"本院演员"的模糊概念中……也许,更残酷的是,她竟从未跳过主角,终其一生,也只是充当"绿叶",并且总在"亮相"时,隐于最后一列,身姿不让主角地把兰花手交错于翘起的裙裾上……每当那个时刻,她都能化入剧情之中,而不"走神"于自身命运的吟唱吗?

给整台演出所献的花篮,固然可以算是也含有她的一份,但那整把的鲜花,是只献给主角的……我心中有个冲动,演出结束后,单给她,这资深的舞娘,献上一大束丰满的百合花……我把望远镜递给旁座的朋友,请他注意那位"宛转"于舞台暗区的资深舞娘。他先是莫名惊诧:"看她作甚?"及至看清了,咂舌道,"天哪,这天鹅,还舍不得退出舞台,跳个什么劲儿呦!"我接过他递回的望远镜,觉得透心地凉……不是朋友错了,不能怪他刻薄,甚至于,他那真实的直觉与非功利的直率恰恰道破了人生、人性、人际的某些底蕴……可是我想哭,不独为那资深舞娘,也为了天下许许多多诸如此类的人生,当然,也包括我自己……

出了剧场,花亭还在营业,我买下一大束昂贵的百合花,紧紧地拥在自己胸前……

精彩赏析

　　作者用细腻的笔触，向我们描述了《天鹅湖》中那个被人忽略的角色，却是那么努力认真，塑造出这样一个令人肃然起敬的人物形象。然后作者对自己的心理活动进行了大段阐述，通过自己的猜想，使这位资深舞娘的人物形象更加丰满，更加多样化。但是不论是哪种猜想，资深舞娘都是值得尊敬的。另外，作者对朋友的语言描写是一处亮点，"天哪，这天鹅，还舍不得退出舞台，跳个什么劲儿呦！"这句话代表了普通人对这位舞娘的看法，但是他的这句话更加激发了作者内心的感情，表达了作者对所有像那位舞娘一样的人的一种同情和心痛。结尾并没有给故事一个完整的结束，给读者留下了无限的遐想。

富心有术

心灵寄语

没有心富,身富也是一场空。若想要使自己的内心富足起来,那么就多读书吧。

民富方能国富,身富方能心富。

社会主义商品经济的蓬勃发展,富了各省,从而富了中国;富了老百姓,从而富了国家;人富了,获得一种成就感,身价提升;倘是"为富不仁",违反社会"游戏规则"所致富,"偷来的锣儿敲不得",那心里的成就感就不稳定,身价也可疑;但即使是在宪法和法律的范围内操练,身富了,有时心里却还难免空落落的,因为人家当面可能奉承着你,背地把你的身富而心空当作笑话在茶余饭后一侃,风吹回来钻进你的耳朵眼儿,终究还是不好受。

身穷心富的例子,自古有之。孔夫子就赞扬过他的爱徒颜回,在"一箪食,一瓢饮"的条件下保持着精神富有的快乐。作为单个人的一种价值取向,这本是无所谓的事。在经济最发达的国家,也有那亿万富翁偏过一种物质上最朴拙的生活。但问题是这不能成为一条道德标准,尤其不能成为一条全社会必须遵从的道德规范。就全社会而言,我们还是应当把"身富心亦富"视为一种最正常的生存状态。

对于社会上大多数人而言,是不可能"皆成尧舜"的,"衣食足而知荣辱"也是古训(《史记·管晏列传》里说的);"人穷志短"这句话也不是污蔑劳动人民的"谰言",除非你在当中间非加上个"必"字。对于社会上大多数人而言,身富方能心富,算不上个规律,也总是个多见的现象吧!

但身富和心富却又有个互相制约的关系,心富的人会问:"人需财几何?多多益善吗?怎么个多多益善?是不是该让自己成为个装满了'发财发财发财'的瓶子,里头什么别的都装不下了?"记得俄国文豪列夫·托尔斯泰写过一篇小说,叫《人需地几何》,讲一个人去买地,那卖地的人说:"你只管在田野上跑,从太阳升起到太阳落山,不管你跑多大一个圈儿,只要你在太阳收敛最后一缕余光时跑回出发点,那些地就属于你了。"结果那买地的人从太阳一升就开始狂跑,因为他心里头只装着"多点多点多点"的念头,所以总不愿拐弯和回转,到他终于不得不跑回原处时,在离终点只有几码的地方,那生命的瓶子便爆裂了。我记得老托尔斯泰在这篇小说的末尾写了这么一句,算是回答了题中提出的问题:"从头到脚,只需四尺。"那自然是按土葬的墓穴算,我们现代人实行火葬,所以现在来答还要再打折扣。

世界上身大富而心亦富的人,一般总把所赚的钱,大部分用于再投资而不是个人的奢侈性消费。现在且不去说他们,我们一般人的所谓富,只是追求个小康,追到头,无非是希望自己拥有一套或一栋住起来宽敞舒适的房子,或者还有一部私人小轿车,并且自己在工作期间和退休之后,都能负担起房子、车子和别的方面较为像样的消费,如此而已。在这样的人生追求之中,身富与心富应同步进行。

心如何富？我以为最重要的一条就是要读书，读正经书，读传知识的书，读美文。别看如今这世界视听文化如此之发达或者说嚣张，微电子技术无孔不入，计算机已经进入了家庭，但传统意义上的用纸印刷装订而成的书，至少在我们生命的存在之年里，绝对仍是最重要的文化载体，或曰知识载体，或曰富心的工具。

家里有书架吗？书架和书架上的书是"富有"的最古典也最新潮的标志。建议你读中外古今的文学名著，如今读巴尔扎克的《欧也妮·葛朗台》、狄更斯的《艰难时世》、托马斯·哈代的《卡斯特桥市长》那样的书，应当感受更深，因为你会从中铭心刻骨地意识到，商品经济不可逃避，然而人性善美的光辉应超越商品经济而世代相传！

精彩赏析

作者采用辩证的手法，论证了身富和心富的关系：身富方能心富，身富和心富是相互制约的。作者引用孔子称赞颜回的典故，表明心富比身富更加重要的观点，而后又引用了列夫·托尔斯泰的小说《人需地几何》，增加了文章的趣味性，使作者的观点更加具有说服性、合理性，更加深入人心。"心如何富？我以为最重要的一条就是要读书，读正经书，读传知识的书，读美文。"这里采用设问的句式，自然而然地论述了作者的关于心富的途径和观点。文章的结尾处，作者又采用第二人称的手法，像是在同自己的朋友交流谈话，建议我们读什么样的书，以及读这些书的原因，突出和深化了文章的主题：心富最主要的追求是人性的善和美。

一切都还来得及

🌸 心灵寄语

> 每个人都会遇到人生的低谷,当你身处低谷的时候,不要悲哀,不要忧愁,要对自己说一句:不要紧,没关系,一切都还来得及!

有时候,人会觉得一切都完了,阳光不再灿烂,绿树不再青葱,花儿不再美丽,歌声不再悦耳……会不想吃饭,不想睡觉,不想多谈,不想继续做事,甚而会有灰色乃至黑色的阴冷念头涌上心尖——这就是那样的一些时候:考试不及格、应聘不录取、竞赛中败北、竞争中落伍、遭逢异性的拒绝而失恋、错过难得的机会而失悔,等等。总之,顿觉我生何趣,万念俱灰。

这种挫折感、失落感、耻辱感、空虚感,如针刺般地折磨着灵魂。那真有如在一座脆弱的吊桥之上,身后是一派天真烂漫而已无法回首,身前是可望而不可即的诱惑,而只觉脚下的桥体已在嘎吱吱地断裂;朝下望,黑黝黝的深渊似乎正在发出狰狞的恶笑,张开着密布利齿的大口只待你的沉沦……

这时候,人最迫切需要的,是一种最单纯的信念,即——不要紧,没关系,只当生活刚刚开始,不回头,朝前望,一切都还来得及!

是的，不要停下你的脚步，但要把下一步走得更好，调整得更加合适，不要为原来的失败和挫折而过分地责备自己，更不要为客观的不利因素而无谓地怨天尤人，走你的路，并坚信一切都还来得及——从脚下这新的一步重新开始！

一位年轻的朋友在他们那个企业的优化组合中被"优化"出去了，他痛不欲生。他跑来对我说，倘若他真是一个低能的调皮鬼，那么就是将他彻底开除他也绝无怨言，而万没有想到那优化组合的过程犹如一面无形的镜子，照出了他人际上的一贯疏离，那却是他以往从未深刻意识到的。现在人们都礼貌地婉拒与他合作，才令他雷轰电掣般地猛醒——原来他的孤僻与固执，在他人眼中竟达到了那般不被容纳的程度！

我握住这位年轻朋友的手，诚恳地劝慰他："冷静地面对这确实令人发窘的境遇，不要恐慌，不要灰心；是的，你的生活面临着一次危机，但'危机'可以分解为'危险'和'机会'两个要素。'危险'决定了你必须避凶趋吉，'机会'意味着你有了对生活作出重新抉择的可能。不要对这一处境发怵，而要把这一处境视作激活自己潜在生命力和创造性的良性碰撞，要知道你毕竟还年轻，一切都还来得及！"

年轻的朋友皱着眉头说："我性格如此，从小如此，而且在人们眼中心中也已定型，现在我就是想从头做起，也万难变易性格，改变人们对我孤僻内向、寡言难通的印象。你说一切都来得及，不过是激励我的一句空话罢了，事已如此，哪里还来得及！"

是的，缺点好改，性格难移，而要将他人眼中所定型的你，再重塑为新的形象更谈何容易。但是——我劝那位年轻的朋友——你也无妨再仔细地想一想，你那人际上的问题是不是也不能都推诿为性格，有没有对世界和社会的认识上的欠缺？比如说，你以往是否未能清醒地认识到,随着当今世界的科技、经济、生活方式的发展变化,个体生命越来越不可能超脱于群体,因此与他人,特别是与创造物质财富和精神财富的群体的亲和趋向,应成为当代社会中个体生命的自觉意识之一。所以,借助于这一回的为群体所筛汰的危机,你无妨从理性认识上来一个跃升,增强自己心理上、意识上与群体的亲和力,并扎扎实实地身体力行。相信经过努力,群体对你的认同和容纳,是一定可以增强的。

年轻的朋友想了想,说:"是的,我想自己除了性格因素以外,搞不好人际关系也确实还有认识上的原因,以及不掌握与人沟通合作的种种人际技巧;但是,我还是觉得一切都晚了,现在再来提高、改变这一切都太艰难了……"

我为这位年轻的朋友对待人生的严肃态度所感动。他并不轻率地靠泛泛的鼓励而忘却挫折的创痛,并努力地寻找着克服挫折的途径。我替他想了想,便又对他说:"是的,说一切都来得及,并不意味着干一切的事情都还来得及,而是意味着在'一切'中有许多种可能性可供我们慎重抉择,作出这种抉择是完全来得及的!比如你遇到的这个情况,除了作出改变自己的为人处世态度以求再被组合进那群体而外,也还可以作出另外的抉择,比如:(1)跳槽到另外的一种群体中,那类群体共同工作时不需要成员之间有过密过细的人际勾连;(2)毅然改换另一种更具独来独往独当一面特点的职业,将自己的慎独性格从劣势转换为优势;(3)随遇而安,蛰伏一时,在此期间加强自修,并从容调节心理,特别是增强对世界和人生的认识,以待新的机遇……"

怎样在这充满考验与筛汰的世界和人生中应付预料中和预料外的挫折?那是一番话一篇文章都难说透的,但至少我们可以在挫折面前先对自己说上一声:"不要慌,一切都还来得及……"

精彩赏析

　　本文采用递进式的结构，条理分明、逻辑清晰地向我们阐述了当我们遇到困难和挫折的时候，应该如何去面对。文中采用拟人、比喻的修辞手法，形象生动地向我们介绍了遇到困难的种种情景和遇到困难时的心理感受，使读者理解起来更加直观，一目了然。比如"黑黝黝的深渊似乎正在发出狰狞的恶笑，张开着密布利齿的大口只待你的沉沦……"这句话运用拟人的修辞，将深渊的危险与恐怖直观地呈现在读者眼前，使读者有身临其境之感。文中采用对话的方式，借朋友的故事，阐述了当一个人遇到挫折之后心理变化，以及如何从挫折之中逃离出来。朋友的消极态度和我的积极劝说形成了鲜明的对比，突出了文章的主旨：人在困境中，不要消极堕落，要保持积极的态度，要相信，一切都还来得及。

春 冰

● 心灵寄语

> 冰化水活春消息，这是春天的印记。

春水中，浮动着春冰。

整个水面结成冰板，在我看来，犹如本是清亮的眸子，却盖上了浊翳。但那是严冬的癖好，唯有大雪降临时，冰面覆雪，那硬冷的面目，改变为柔和的韵律，稍慰心臆；不过融雪的日子里，冰面往往又变得坑洼不平，雪消冰在，色灰颜粗，望去更令人心里发堵。

冰化水活春消息。但初春的漾漾绿水中，往往浮着些残冰。那些小块的，形状不等的残冰，犹如少女脸上的雀斑，在我看来，实在是焕发着比春水还要浓郁的春氤。

春水中的春冰，边缘往往是薄而透明的，给人一种婴儿小舌的稚嫩感，仿佛在舔着春水，享受着母亲的怀抱般的温暖呵护。

水气是水的缕缕精魂吗？那么，冰是什么？是水的冬眠？水的沉思？水的诡谲，还是水的愚钝？但春水中的春冰却超乎氤氲水气、溶溶水流和板结冷冰，它是水的诗吗？那么玲珑剔透；是水的仙子吗？那么晶莹秀美；是水的梦境吗？它难以持久，在消失后能留下那么多朦胧的倩影，令人回味，惆怅而又欣悦，百感交集而又心皈淳朴。

常常地，徘徊在初春的水边，伫立在春池侧畔，凝视那浮动的残冰。那些小块的春冰，甚至于当着你的面，缓缓地，其实又是刻不容缓地，从边缘到当心，融化到春水里。那景象，昭示着什么？象征着什么？预告着什么？警策着什么？全凭你当时的心境，你的想象力，你的理念，你的意识潜流，和难以解释清楚的种种微妙因素了。

我爱春冰。这是短暂的爱情。

有时，忽然一夜春风来，第二天，所有的冰面都已彻底开化，弯动的倒影中，寻觅不到春冰。春天一步到位，春水一汪爽亮。我的春冰姑娘啊，你在哪里？你不曾诞生吗？你只是往春在我心中勾勒出的一个幻影？只是明春预支给我的一个企盼？我失恋了，踽踽彳亍在没有春冰的春水边，不会非常地痛苦，却一定非常地忧郁。

我的人生，已经历了很多的四季变换，时空的、生理的、心理的、情感的、非理性的、神秘的、无可言说的。在每一次"冬""春"的转换中，我渐渐变得敏感，却又愈加平静，全凭直觉。我盼冰面融化，我欲春水溶漾，却又不愿没有一种必要的过渡。过渡之美，往往大于此岸和彼岸的风光。"冬""春"的过渡，其美便在于春水中，一度浮动着春冰，仿佛一杯散发着丝丝芳馥的威士忌中，有些个莹洁的冰块，便更令人陶醉、销魂。

春冰如禅。

我居然试图用文字，来传达心灵深处对春冰的一份情愫，一种憬悟，这是我的情不自禁，更是我的不自量力。

然而，读我文字者，盼你我会心，尽在不言中。

\试卷上的作家

精彩赏析

  本文用生动、形象、优美的语言,向我们展现了春冰的多种形态,语言细腻,饱含深情。采用排比、比喻等多种修辞手法,使普通的春冰变得丰富多彩,引人注目,更引起了读者的共情。"冰是什么?是水的冬眠?水的沉思?水的诡谲,还是水的愚钝?""那景象,昭示着什么?象征着什么?预告着什么?警策着什么?"通过一次次的发问,引发了读者丰富的联想,深化了文章的主题。

错 过

🌷 **心灵寄语**

> 人生本就是有缺憾的，但是抓住了其中最关键、最美好的，错过也是一种美好。

是的，回顾过去的一年，我们又错过了许多……

在商场看中的一件很适合自己，并且价钱也不算昂贵的衣衫，竟因不必要的犹豫，放弃了购买，而再次去那商场，满眼都只是不如那件的样式。从这类小小的错过，到明明有一个很好的跳槽机会，不仅去了那里可以收入更丰，更重要的是能与自己的兴趣更贴近，却只是因为决心下得迟点，因而痛失良机，那样大大的贻误……总算起来，真是不少！

人生的路啊，为什么，为什么总是充满了这样多的错过？

然而细想，可有"万无一失"的人生？

错过一般来说，属于人生的常态，只要我们回顾来路，有所得，从在偶然路过的一家小小书店，意外地买到了久访不得的一本诗集，这类小小的收获，到自己积极参与的一项改革，果然取得了重大突破，那样的精神物质双丰收……算起来，也还不少，我们就应感到欣慰！

没错过，抓住了；错过，溜走了。这正是人生的经纬线，见证着我们斑斓多味的生活。

没有意识到错过，或许能产生一种自足感，但那意味着灵魂堕入了颟顸的渊薮。

能意识到自己错过了什么，在追悔中产生出一种真切而细微、深入而丰厚的情愫，则意味着灵魂具备了升腾的能力。

有的错过的，还有机会再次相遇。正因为对错过有了痛切的感受，当机遇再次呈现时，你便会有高度的应变力与把握力，也许，那最后的结果，是与其在上次侥幸抓获，不如这回你冷静而成熟驾驭……恰恰是因为你上次的错过，才导致了你这次的获得硕果！

有的所错过的，时不复返，机不再来，属于永远的错过；但因为你善于细细咀嚼这错过的苦果，竟能从惆怅中升华出憬悟，乃至于酿出诗意与哲理……你的生命，或许反更有厚度；你的心灵，或许反更有虹彩。

一念之差中，失之交臂了吗？有时我们虽然错过，只要我们立刻意识到了，并立刻追上前去，力挽狂澜于既倒，我们多半也还可以使错过转化为掌握；问题是我们往往在立即意识到了以后，竟滞涩、凝结住了我们的行动；这样的错过，则几近于过错。

错过，即"有所失"，我们要习惯它。

错过，也往往构成另一种得，我们要品味它。

人生如奔驰的列车，车窗外不断闪动着变幻不定的景色。错过观览窗外的美景、奇景并不是多么不得了的事，关键是我们不能错过预定的到站。

我们预定的到站并不等于人生的终点。但在人生的终点上，我们最好能含笑地说：我虽然错过的很多很多，却毕竟把握住了最关键、最美好的。这样，"错过"便仿佛是碧绿的叶片，把一生中"收获"的七彩鲜花映衬得格外明艳！

精彩赏析

本文先提出问题，摆出事实：大小错过真不少。接着分析问题，论述人生为什么会有许多"错过"。然后解决问题，具体论述怎样正确对待"错过"。最后，总结全文，强调不能错过"预定的到站"，要把握住最关键、最美好的机会，含笑到达终点站。作者认为没有万无一失的人生，错过是人生常态。既然错过不可避免，我们就应学会习惯错过，以良好的心态看待错过。

冬日看海人

🌸 心灵寄语

> 平凡的人把平凡的事做好，那就是不平凡。

我偶然遇到一位来自大西北小镇里的小学教师。猛地看上去他似乎已然年过半百，因为他脸上有那么几条很长也很深的纹路，并且头发也花白了；可是跟他交谈时，他那双眼睛却闪烁出很有劲的光芒，使我又觉得他实在还很年轻。原来他刚刚四十出头，正当壮年。他是从北戴河返回到北京，即将再坐火车回到他那个离大海非常遥远的小镇。

我遇到他的那天，西北风正在北京久旱无雨的灰色天宇推磨般地号叫，在这样严寒的冬日里，人们一般总是尽量往温暖湿润的南方跑，可是，作为一个自费旅游者，他却偏偏去了北戴河！

他为什么去那儿？这算是什么样的癖好？

他告诉我，二十年前，他们那个小镇还没通电，可是他在教学生的课文里总是不断地提到电，举凡电灯呀、电线呀、电话呀、电视呀、电车呀……学生们常问他："老师，那究竟是什么样儿？"他很惭愧，身为人师，却眼界狭隘，连真的电灯都没见过！有一天，是放假前一天，当又有学生问到"究竟电灯什么样"时，他便下定了决心，第二天天还没亮，便揣上干粮，往一百多里外的县城走去，他足足走到那天深夜，才抵达县里。当他敲开县教育局的大门时，那值班的人一开始以为他是个坏人，后来他见到屋顶上闪亮的电灯，激动得笑着流下了眼泪，别人又以为他是个疯子……第二天县教育局的局长亲自带他见识了电话、电唱机、电熨斗什么的，又请他到电影院看了一场电影。临走送他时，又送了他一只电灯泡，那只电灯泡后来成了他课堂上极珍贵的教具，一直细心地保留到若干年以后。他们那个僻远的小镇终于也通了电，于是他当着班上的同学，举行仪式一般，将那只灯泡旋在了教室的灯头上。当那盏电灯在孩子们热烈的掌声中放出电光，将那简陋的教室照耀得通亮时，他又一次笑着流下了泪……

　　后来他得到了进县城进修的机会，并曾到省城出席过劳模会议，他具有了正式的师范学校学历，还继续进修大学课程。他眼界大开，他那个学校也大变了样，现在他们那里经常有电影放映队去放映电影；虽然由于山区地势复杂，他们那个镇子如今还很难接收到电视转播信号，因此除了几户人家为显示阔绰已然置上了大彩电，看电视仍是一种大家所祈盼的超级享受。当然，他本人有更多的机会在电影和电视上看到几乎全世界的万种风情，可是，这两年常有学生问他："老师，大海究竟什么样啊？"他总是根据自己从电影、电视上得来的印象，耐心地向学生们形容……可是学生们也从电影上看到过大海，他的经验并不能超过学生……

　　于是他决心亲自来看看大海。这回寒假一放，他便启程了。当他在县城教育局宣布这一壮举时，连局长也很羡慕，因为那已年近花甲的局长，也从未见过真正的大海！

　　他为什么不是在暑假时而是在寒假时跑来看海？那原因很简单：冬日看海是可以省很多钱也省很多事的！并且，他两眼闪着异样的光，对我自豪地宣布："冬日的大海，别有一番雄奇的景象！"

　　他说他刚出现在北戴河时，一开始也曾被人猜测为坏人或疯子，可是后来受到了异常热烈的欢迎。他说，那些设备非常好的休养所，一到冬天如果揽不到会议等项目，那就冷落到极点，值班的人员总是非常地寂寞……

　　他说这十来天里，把冬日的海景看了个够，从各个角度看，在各种光线下看，从容地看，哼着歌看，甚至跳着舞看……他把我说得也羡慕起来，不仅是羡慕，甚至是嫉妒，因为我虽然有很多次夏日观海的经历，可是，我年过半百了，却还根本没有过冬日观海的体验！仅从这一点儿上说，我的人生便没有这位西北高原小镇的小学教师丰富多彩！

　　冬日观海的人离开北京，坐硬座车回那遥远的地方去了。他没有在北京久留，他只游览了天安门，没去颐和园、长城什么的，他说一来他没剩多少钱了（为了看海，他花光了五年来所有的积蓄，约五千多元），二来他圆了看大海的梦，心满意足了！

　　我只是偶然地见了他一回。他走后，我甚至已不大能形容出他的相貌了，唯有他闪亮的眸子，还有一身大海的气息，长久地萦绕在我心头，使我憬悟：每一个最平凡的小人物，只要以敬业精神点燃执着追求的火把，都能使自己的人生闪烁出童话般的美丽灵光！

精彩赏析

　　标题设置疑问，"冬日看海"？冬天的海有什么可看的呢？

　　文章开篇"年过半百""头发花白""眼里闪烁光芒"的小镇老师，就是那个在这寒冷的冬天去北戴河游玩的人。他为什么要在冬天去？这激发了读者读下去的欲望。接着，文章采用插叙的手法，讲述了这位老师在学生的追问下，到县里去第一次见识"电"的经历。通过对"电"的追寻，自然地过渡到了对"大海"的追寻上。这就和前面提到的去北戴河看大海照应上了。在寒冷的冬天来看大海，也是因为学生对大海认知的渴望，选择冬天是为了省钱。作者在平淡的叙述中，表达了对小镇老师的敬佩和赞美。

等候散场

🌸 **心灵寄语**

> 一曲巧合与误会,一对心心相印的恋人。

  已经是晚上九点钟了,我才到达剧场门前。剧场里的芭蕾舞剧《天鹅湖》肯定已经跳完了如梦如幻的第二幕,而且华丽诡异的第三幕说不定也所剩无多。我是个狂热的芭蕾舞迷,尽管因为业务上的急事耽搁到八点四十才得脱身,还是风风火火地跳进出租车赶到剧场。

  我出了汽车才感觉到下着小雨。从我下车的地方到通向剧场大门的宽大阶梯还有一小段距离,为了避免淋雨,我从售票处以及相连的平房那儿绕向阶梯,因为那里有挡雨的棚檐。我一边小跑,一边朝剧院大门望去,我觉得那一连串的门扇仿佛都已关闭,根本没有检票的人影了,我是否还能入场呢?惶急中,我忽然撞到一个人的肩膀,要不是他及时闪避,我们俩说不定都得倒地。

  我立足定神一看,是个小伙子,戴着一副眼镜。他的眼珠子在镜片后也细打量着我。

  "您有票吗?"

  我吃了一惊,竟还有比我更痴迷芭蕾舞的。这剧场前的小广场

\ 试卷上的作家

上,只有路灯光下,霏霏细雨中活像巨型甲虫的小汽车,默然地斜趴成一大排,除了我俩再没别的人影。里面舞台上那最令人眼眩心迷的西班牙舞大概已经跳过,王子正在上黑天鹅的当……剧已过半,他还在这里等退票!

"我自己要看!"我一边回答他,一边掏我的票。咦,怎么没有?

"不,"那小伙子蔼然地对我说,"我不要您的票。您快进去看吧!"

我从衣兜里掏出一堆名片,从中抽出了那张宝贵的剧票,顺口问:"你不看,待在这儿干什么?"

"等散场。等她出来。"

我立刻明白,是一对恋人同来等退票,只等到一张,因此小伙子让姑娘先进去了。我倏地忆及自己的青春,一些当年的荒唐与甜蜜场景碎片般闪动在我心间,我不由表态:"啊,你比我更需要……你进去吧!"

我把票递给他,他接过去,仔细地看了一下排数座号,退给了我。我那张票是头等席,一百八十元一张。他是等我主动打折吗?我忙表态:"不用给钱,快进去吧!"他还是不要,说:"您这票的位置……离她太远……"我说:"咳,那有什么关系!你可以到她那排,把这个好位置让给她旁边的人……至少,你可先到她那排,告诉她,你也进来了……"他却仍然把我持票的手推开了。

我觉得这个小伙子很古怪。他已然耽搁了我的时间,而且还拂了我的好意,我恼怒得反而不想进剧场了,我很粗暴地说:"你有病!"

小伙子很难为情,解释说:"我答应在外面等她……她也许会随时提前出来……我还是要在这儿一直等着散场……"说着便扭头朝剧场大门张望,生怕在我们交谈的一瞬间,那姑娘会从门内飘出,而他没能及时迎上去。

　　我抛开那小伙子，跑向剧场大门。小雨如酥，我险些滑跌在门前台阶上。从每扇门的大玻璃都可以看到前廊里亮着的灯光，可是我推了好几扇门都推不开。后来我发现最边上的一扇是虚掩的，忙推开闪进，前廊里有位女士，我走过去把票递给她，她吃了一惊，迷惘地看看我，摇头；紧跟着前廊与休息厅的收票口那儿走来一位穿制服的人，显然，那才是收票员，他先问那位女士："您不看了吗？"又问我："您是……怎么回事儿？"我发现先遇上的那位女士，不，应该说是一位妙龄女郎，站在前廊门边，隔着玻璃朝外看，我也扭身朝外望去，只见那个小伙子仍在原地，双臂抱在胸前，痴痴地朝剧场大门这边守候着……

　　从演出区泄出《天鹅湖》最后一景的乐曲，王子与白天鹅的爱情即将冲破恶魔的阻挠而终于圆满。妙龄女郎望着雨丝掩映的那个身影，忽然咬紧嘴唇，眼里闪出异样的光……我站在那儿，摩挲着鬓边白发，沉浸在永恒的旋律里……

精彩赏析

　　本文的故事很普通，但是作者却选取了不一样的角度去叙述。通过作者这个叙述者、见证人、线索人的串联，再加上巧合与误会，普通的故事有了浓浓的情味，温馨而甜蜜。本文写的不是"散场"，是一对恋人的"等待"与"守望"。《天鹅湖》的故事正好与这对男女的爱情故事相对应，作者说自己沉浸在《天鹅湖》的旋律里，其实是祝福这一对男女的爱情能够像《天鹅湖》中的王子与白天鹅一样冲破各种阻碍，最后得到圆满。

预测演练二

1. 阅读《富心有术》，回答以下问题。（10分）

（1）从文中找出本文的中心论点。（2分）

（2）结合全文来看，作者认为"身富"和"心富"的关系如何？（4分）

（3）第五段引用托尔斯泰的《人需地几何》的目的何在？（2分）

（4）孔子的弟子颜回就是身穷心富的例子，简要概述一下颜回的事迹。（2分）

2. 阅读《等候散场》，回答以下问题。（14分）

（1）文中哪些地方表明了"小伙子"痴痴守候的就是"妙龄女郎"？（4分）

（2）联系上下文，分析"我倏地忆及自己的青春，一些当年的荒唐与甜蜜场景碎片般闪动在我心间"一句的含义及作用。(2分)

（3）文中两次提到《天鹅湖》乐曲，有什么作用？（4分）

（4）这篇文章的细节描写比较突出，请从小说中选取一个具体例子简要分析。（4分）

3. 写作训练。（60分）

　　有一个国王没有孩子，就想找一个孩子继承他的王位。他对前来应召的孩子说："今天给你们每个人一粒种子，四个月之后，看谁能种出最漂亮的花，谁就是我的王子了。"四个月过后，孩子们都捧着五彩的花儿，来参加最后的决赛。只有一个小孩的花盆是空的，他泪眼涟涟地说："敬爱的国王，我每天都给花浇水，施肥，就是睡觉都搂着它，可是，我的花根本没有发芽。"国王听了之后哈哈大笑起来："诚实的孩子呀，你当然不会种出什么花，因为我发给你们的花种都是炒熟的呀！"

　　读了这篇文章，你有什么样的感悟，请结合故事的中心思想，自拟题目，写一篇文章。

　　要求：标题自拟，角度任选，主题突出，不少于800字。

藤萝花饼

💮 心灵寄语

> 以文化的热度烹调怀念的滋味，每一道食物都飘散出浓郁的人情世故。

街口新开了家小食品商店，最显眼的标志是门口的大冷柜，柜面上彩绘着厂家的图徽字号。店主是下岗的小汪，我们在他下岗前就有来往。他爱人桂珍还在公共汽车上当售票员，倒休时跟他一起照应生意。我傍晚散步有时拐到他们店里，如果正遇到中小学生放学，买冷食的多，我就给他们搭搭手，他们收钱，我出货。如果生意清淡，我就跟他们聊聊天。我去了，他们总要请我吃冷食，我总是坚拒。我说："你们小本生意，挣点钱不容易，朋友熟人来了，你们这个请一份冰激凌，那个请一瓶冰茶，还有什么赚头？"可是，任我不吃，每回见我去了，仿佛条件反射，小汪头一句总是："刘叔，来份什么？"倘若桂珍也在，她会更加热情。有一回就拿出一种江米红枣粽的冰糕，打开包装，直伸到我鼻子前，说："这个你一定喜欢！"我退后半步，依然没接，她就自己吃了，边吃边跟我透露，他们卖这些冷食，利还是颇丰的，每月除去交税、电费及合理损耗，他们这小店的收益，足以使他们过一种自得其乐的生活。难怪他们见朋友熟人来了，总愿那么慷慨招待；而一些朋友熟人，也就很自然地接过他们递上的冷食。

前两天我又散步到他们小店，那天奇热，傍晚时还觉得鼻息如蒸。我去了，他们小两口都在。生意热闹了一阵，天光敛去后也就清静下来。我们说说笑笑一阵，相处得跟往常一样融洽。但当我告辞，走在回家的路上时，心里却滋生出一种失落感，那感觉还挺迅速地在我胸臆里膨胀。我失落了什么？这一回，他们两个见了我，谁都没有了请我吃冷食的话。我在小店里待了至少有四十分钟，而且这回我口干舌燥，很想用冷食润一润。我身边就是装满冷食的冰柜，里面有那么多可供选择的品种，但我与那些美味之间却隔着一道无形而坚韧的屏障。那屏障是以我的一贯坚拒他们的好意，以及我从不在他们那里买东西（因为如果我说要买，他们一定不会收我的钱），也就是我自以为是的想法而形成的；看来他们也终于接受了那道屏障。

当我接近自己家门的时候，我才深刻地意识到，每回小汪与桂珍那真心请我品尝冷食的举动，我的心灵在默默地领受中习惯了，麻木了，甚至转而轻视乃至鄙夷了。现在他们"知趣"，自动中止了那一份虽然极为世俗却也极为真挚的友情表达，我却一下子承受不住了！

我常常沉浸在自我肯定的情绪中，总觉得在这个有着那么触目惊心的腐败现象的世道里，我即使不能自诩高尚，也总算得是个雅人吧。我还有些超功利的人际交往，不是吗？那天，我给很久没有联络的、退休的朋友，去了个电话，说想找他"臭聊"一通。他热情地欢迎我去，我去了，我们聊得欢天喜地，他留饭，我也不客气，吃了他老伴做的极可口的打卤面以后，他老伴又搬来一个"黑森林"蛋糕，我不禁脱口问道："咦，今天谁的生日？"我那问话竟如雷击一般，使他和他老伴悚然相视，随即好几分钟默然。告辞离去后，我在街头迎风闷走。朋友以为我记得他的生日，才在那天去他那里叙旧，而我，不过是为了给忙中偷闲的自己，临时寻觅一个温馨静谧的港湾，小作休憩。

昨天傍晚忽然门铃响，从猫眼望出去，依稀辨认出是很久没见过的，原来住杂院时的一个街坊，他来做什么？把门打开，那中年人对我说："母亲让我一定要给您送两个来……"递过一个"便当盒"，我把他请进屋，让他坐下，喝茶细道端详。他母亲，我唤作高大娘的，九十三岁了，现在住进医院，恐怕是难以回家了。高大娘家门前，有一架紫藤，每到夏初，紫藤盛开时，她就会捋下一些紫藤花，精心制作出一批藤萝花饼，分送院内邻居。当年我是最馋那饼的，高大娘在小厨房里烘制时，我会久久地守在一旁，头一锅饼出来，她便会立即取出一个，放在碟子里给我，笑眯眯地说："先吹吹，别烫了嘴！"现在高大娘在人生最后一段途程里，提出想吃藤萝花饼，晚辈已经不会她那手艺了，现在的做法，不过是把藤萝花裹上面粉，用油炸一下罢了。但给她送去以后，她非常高兴，回光返照中，脸颊像玫瑰般艳丽，尝了几口以后，她便想起了我，立刻嘱咐她老二把一些藤萝花饼——其实已经不是饼，而要称为"藤萝傀儡"——给我送来。说实在的，我已经多年没有过问高大娘的死活，然而，她却还记得我，在她生命的最后时刻，仍要与我分享那藤萝花制品的美味……

我没有对来客说更多的感谢话，我看出老二只是急着完成母亲布置的这项任务，心里并不怎么太理解高大娘的情愫。送走了高家老二，我独自坐在餐桌边，望着那些"藤萝傀儡"，心中旋动着难以名状的感动。生在这个世界，活在这样世道，有一种更高更美，属于永恒的境界，需要我不懈地去修理、提升自己的灵魂！

精彩赏析

作者用朴实无华的语言，向我们讲述了他和小汪夫妇、老朋友以及高大娘之间的故事。而这三个故事都是围绕着"吃食"展开的。作者通过这三种吃食，抒发怀旧、人情之味和对生活的感受领悟。

本文在人物描写上所用笔墨不多，但却十分生动传神。如"我那问话竟如雷击一般，使他和他老伴愕然相视，随即好几分钟默然"的神态描写，表现了作者的问话给他们带来的打击之大；"头一锅饼出来，她便会立即取出一个，放在碟子里给我，笑眯眯地说：'先吹吹，别烫了嘴！'"此句有动作、神态、语言的描写，表现了高大娘的热情与朴实。

神圣的沉静

● 心灵寄语

> 有一颗沉静的心,这样你就可以安静地看这个世界了。

还记得童年在重庆的一些事。我家住在南岸狮子山,从那里可以到一座更高的真武山去游览。真武山上有段路非常险,靠里是陡峭的山岩,靠外是极深的悬崖。那天玩得很开心,返回时,我故意贴在悬崖边上走,还蹦蹦跳跳的,甚至以颠连步跃进。七岁的我还不懂生命的珍贵。那样做,有存心让母亲看见着急的动机。那悬崖下面的谷地荒草里凸现着一块怪石,那石头自然生成盘蛇的状态,当中的一块耸起活像蛇颈和蛇头。传说结了婚的男女,从悬崖上往下掷石头,如果掷中了那条石蛇的身子,就能生个儿子。混混沌沌的我自以为也懂得成年人的事情,听大人们有那样的议论,想起自己也同邻居女孩子玩过扮新郎新娘的游戏,竟然也拾起石块朝悬崖下奋力掷去,把握不好投掷的重心,身体的姿势从旁看去就更惊心动魄了。

还记得那天母亲的身影面容。她紧靠着路段里侧的峭壁,慢慢地走动。她一定后悔转到那段路以前没能牢牢牵着我的手,把我控制在她身边,她自己往前挪步,眼睛却一直盯在我身上。我顽皮地蹦跳投掷，不住地朝她嬉笑，怄她气她，悬崖边缘就在我那活泼生命的几寸之外。事后，特别是长大成人后，回想起母亲在那段时刻的神态，非常惊异，因为按一般的心理逻辑与行为逻辑，母亲应该是惶急地朝我呼喊，甚至走过来把我拉到路段里侧。但她却是一派沉静，没有呼喊，更没有吼叫，也没有要迈步上前干预我的征兆。她就只是抿着嘴唇，沉静地望着我，跟我相对平行地朝前移动。

那段险路终于走完，转过一道弯，路两边都是长满芭茅草和灌木的崖壁了，母亲才过来拉住我的手，依然无言，我只是感受到她那肥厚的手掌满溢着凉湿的汗水。

直到中年，有一天不知怎么的提及这桩往事，我问母亲那天为什么竟那样沉静。她才告诉我，第一层，那种情况下必须沉静，因为如果慌张地呼叫斥责，会让我紧张起来，搞不好就造成失足；第二层，她注意到我是明白脚边有悬崖面临危险的，是故意气她，尽管我不懂将生命悬于一线是多么荒唐，但那时的状态是有着一定的自我防险意识与能力的。一个生命一生会面临很多次危险，也往往会有故意临近危险也就是冒险行动，她那时觉得让我享受一下冒险的乐趣也未为不可。我很惊讶母亲那时能有第二层次的深刻想法。

母亲去世快二十年了，她遗留给我的精神遗产非常丰厚，而每遇大险或大喜时的格外沉静，是其中最宝贵的一宗。我写第一部长篇小说《钟鼓楼》时，母亲就住在我那小小的书房里，我伏桌在稿纸上书写，母亲就在我背后，静静地倚在床上读别人的作品。我有时会转过身兴奋地告诉她，我写到某一段时自我感觉优秀，还会念一段给她听。她听了，竟不评论，没有鼓励的话，只是沉静地微笑，而且，有时她还会把手头所读的一篇作品的某些内容讲一下。那作品是一位同行写的，我没时间读，也并不以为对我有什么参考价值，不怎么耐烦听母亲介绍。母亲自然是觉得写得挺好，但她也并不加些褒扬的话语，她就是沉静地给我客观讲述，毫不啰唆，具有点穴的效果。后来《钟鼓楼》得了茅盾文学奖，那时母亲已到成都哥哥家住，我写信向他们报喜，母亲也很快单独给我回了信，但那信里竟然只字未提我获奖的事，没什么祝贺词，但语气沉静地嘱咐了我几件家务事，都是我在所谓事业有成而得意忘形时最容易忽略的。

2000年第三次去巴黎，又去卢浮宫看达·芬奇的《蒙娜丽莎》，在众多的观赏者中，我忽然产生了一个非常私密的感受，那就是蒙娜丽莎脸上的表情并不一定要概括为微笑，那其实是神圣的沉静。在具有张力与定力的静气里，默默承载人生的跌宕起伏、悲欢聚散、惊险惊喜。那时母亲已仙去十二年，我凝视着蒙娜丽莎，觉得母亲的面容叠印在上面，继续昭示着我：无论人生遭遇什么，不管是预料之中还是情理之外，沉静永远是必备的心理宝藏。

精彩赏析

描写赞颂母亲的作品数不胜数，作者不落窠臼，独辟蹊径。文章开篇旧事重提，字里行间充满愧疚，同时也表达了对母亲的爱。人到中年提及此事有一种深深的自责，但也从母亲身上学到了，无论遇到什么样的大险，都要保持沉静。作者作品得了大奖的时候，母亲一直都是沉静的状态，从而影响到作者不能得意忘形。母亲的沉静是走过坎坷人生之后的大彻大悟，让作者从容面对人生的跌宕起伏、悲欢聚散、惊险惊喜。

果 疼

● 心灵寄语

> 凡世上能称得上果实的事物，都不该让他疼。

远郊那条公路两边，有许多果园，门外全都竖着"欢迎采摘"的大牌子。儿子儿媳妇轮流开车，拉着我们老两口，进入那条公路放慢车速，大家边往外张望边讨论：去哪个果园呢？一家果园门口有醒目的广告："请来采摘火龙果！"儿子说："火龙果长在树上还是藤上啊？去看看也好呀！"儿媳妇说："那一定得进棚里摘，爸妈还是喜欢在阳光下的露地上采摘的。"我说："采摘之意不在果，能在苹果树下走走就好。"老伴看见一家门口大字写着"美国布朗"，兴趣陡发，说："如果里头人不多，那就摘点布朗吧。"于是儿子把车开进了敞开的大门里。

车子可以穿过两片果林，驶进果园深处。露出了红瓦灰砖的房子，有狗跑出来，不是狂吠，而是欢叫，紧跟着露出了果农的身影。乍看简直像个非洲黑人，露出两排白牙，指点停车的位置。那里已经停了两辆车，果园深处，有欢笑的人声。

"你们，头回吧？"果农问。

儿子说："怎见得？"果农也不答，只是说："有四种苹果、三种梨,还有大枣、柿子,可以混着称。"老伴就问:"不是有布朗吗?"果农说:"有呀,您摘吗?那可要贵上好些。"他分别报了价,说着递过装果子的塑料袋,又指指屋檐下靠着的一摞马扎,意思是可以随便取用,摘累了坐下歇气。

儿媳妇张望着,说:"比超市的贵那么多呀!"果农就说:"您亲自摘不是有个乐子吗?"我们就一人拿了一个塑料袋,又都取了个马扎。

果农说布朗树只有五棵,在果园深处,他领我们去。穿过许多苹果树和梨树,有时需要弯腰前进。我见一棵苹果树只有我那么高,也没张开树臂,却缀满了滚圆的红果子,就伸手去揪其中一个,没想到果农大喝一声:"您别!您那样,果子他疼!"我们全愣住了。果农站到我跟前,指点着说:"您得先来回瞅瞅,瞅准了那熟的,再轻轻先摸摸他,他冲您乐呢,您再这么把他摘下来……"他示范着摘下一个来,儿子说:"这个又不大,也不是最红,您怎么偏说他熟了?"果农就笑说:"熟不熟,看果把儿啊。"老伴评价:"您这么摘果子,跟相亲似的。"果农表扬:"您心里亮堂。可不是跟搞对象似的。"我现在记录他的话,说到果子全不用"它",只是不知道究竟写成"他"还是"她"更恰切。

终于走到布朗树下。紫红的布朗有的已经似乎快要胀破,但是我们都没轻易下手,因为懂得,首先要看果把儿。可是又怎么对果把儿下判断呢?围住果农,再听他解说,说实在的我也没太听懂,只记住他嘱咐"这样果子他就不疼了""那样果子可就疼坏了"的语音。儿子问他:"那我们吃果子的时候,果子不更疼吗?"果农严肃地回答:"那不。果子离了树,就是另外的事情了。果子疼不疼,全在下树的那一刻。疼过的果子,吃起来总欠点儿味道,所以头一回来我这果园采摘的,我都这么说一回。有的没听完,扭头走了,那是没缘分,走了好。二回再来的,全是懂得疼果子的。有那真比我还疼果子的,我就连钱也不收他的,晚上睡觉时候想起来,念叨给媳妇听,由她笑话,我心里头那个痛快劲儿,别提了,比喝了天宫的神酒还痛快!"

回到家里,大家围着餐桌清点采摘来的果子,老伴把布朗逐个拈起检验,拿一只对着灯光细看,跟他道歉说:"真对不起,让您疼着了!"都听见了,都没笑,心里都有回音,我心里有个声音在呼应:凡世上能称得上果实的事物,从今后,都不该让他疼呀。

精彩赏析

文章向我们讲述了作者和家人一起去果园采摘果子的经历。对家人的语言描写,可以看出家庭的和谐美满。本文最主要的写作手法就是语言描写。"我们一家"和果农的对话,可以看出果农为人随和,待人友善。果农的"您别!您那样,果子他疼!"这句话是文章的中心句,表明果农把果子当成孩子一样,非常疼爱,不容许它们受到伤害。受果农的影响,"我们一家"也开始在意果子疼不疼这个问题了,从心底产生了对有生命的东西的一种爱护与敬畏。

健康携梦人

● 心灵寄语

> 每个人都有自己追求的梦，这些梦是浪漫的、美好的，又是虚幻的，不切实际的，因此我们都要做一个健康的携梦人。

二哥年届八旬，还以专家身份赴美参加活动。从美国归来，他兴奋地向我宣布：终于找到啦！他找到什么了？那满脸孩童般的笑容，标志着一个梦想的兑现。

二哥热爱电影艺术。他长我十五岁之多，他的青少年时代，深受中国左翼电影和美国好莱坞电影的影响，说是影迷都还不够，得说是一个影痴。他常常幻想自己成了电影导演，于是拿起一本小说就喝醉酒了一般地分起镜头来。1950年以后，他又喜欢上了苏联电影，以及一些译制过来的西方进步电影，他还精读过乔治·萨杜尔撰写的电影史，因此，对于一些他未看到过而电影史上提到的老电影，充满了观看的憧憬。改革开放以后，他陆续收集到了心仪许久的爱森斯坦导演的《战舰波将金号》、阮玲玉主演的《神女》、黑泽明导演的《罗生门》等名片的光盘，反复观赏之，细心珍藏之，还常常跟我讨论其中的种种奥妙。我也一直帮他搜罗他始终求而未得的电影光盘，他希望拥有好莱坞黑白老片《金石盟》的光盘，我踏破铁鞋终于觅得，立刻孝敬他，谁知他看后来电话告诉我，他要的是后来当了总统的里根参演的那一部,"这鸭头不是那丫头,头上哪有桂花油",我买的《金石盟》却是另外的一部。何挑剔若此?我不免讥讽他:"干脆到电影学院教电影史去吧,我可不伺候你了!"话虽如此,实际上近年来我还是忠心耿耿地为二哥觅盘,如苏联的《雁南飞》、日本的《裸岛》、瑞典的《野草莓》、法国的《禁忌的游戏》等,他收到后都视为宝贝。

现在真是资讯丰富,二哥根据电影史脉络搜集光盘,十几年来,所列索引中空白点越来越少,但有一部美国的格里菲斯导演的《党同伐异》,一直找不到。为此,我甚至帮他去辗转询问北京的电影资料馆,又跟出音像制品的机构提出建议,但资料馆并无相关拷贝,音像机构则反问我:这样的光盘有谁会买?确实也是,格里菲斯在20世纪初的这部黑白无声影片,由四个时空差异极大的故事构成,那是他艺术雄心的产物,没想到却成了票房毒药。一般观众完全不能接受他那种时空交错的叙述策略,加上剪辑完成后还长达三四个小时,看不懂加上疲劳,导致格里菲斯被市场和俗众抛弃。他经济上破产,精神上破灭,虽然此后也还拍出了几部媚俗卖座的电影,困境稍有缓解,但一代电影枭雄,终究抱恨仙去。二哥偏对《党同伐异》抱有超常的好奇心。没想到,这回他在美国,终于淘到了《党同伐异》的光盘,带回北京,仿佛举办嘉年华似的,在我家与我品茗共赏。

二哥圆了梦。就像二十几年前,我头一回看到了法国新浪潮代表作《四百击》,以及《广岛之恋》《去年在马里昂巴德》等影片一样,梦想成真,梦里看花,花丛梦醉,是精神上的大舒张,大欢娱。

自从世界上有了电影,就出现了影迷。后来又增添了电视,更膨胀起了网络。一般俗众里出现了追星族,稍雅一点的,会不仅熟知影星,还会注意到并非明星的表演艺术家,更进一步对某些导演津津乐道,甚至像二哥一样,能从史的角度,来欣赏电影艺术。我自己也是一个影迷。五十年前,我曾把苏联电影《雁南飞》女主角扮演者萨莫依洛娃的照片，斜贴在自己床头，那是从国际书店买到的《苏联银幕》原版杂志上裁下来的。和世上许许多多的追星梦想者一样，二哥和我，携梦度过我们的人生。

其实，我们的父亲，青春期里，也曾把一位电影明星作为梦中情人。到我上中学的时候，父亲早年的观影激情已经淡化到接近于零，他对二哥和我，以及其他晚辈所欣赏的那些影片，已经完全没有了兴趣，就像我现在对《蜘蛛侠》一类的"大片"难以接受一样。但是，有一天，他却难得地带我去看了一部新电影《鲁班的传说》，导演孙瑜，主演魏鹤龄，片子拍得中规中矩，评价起来也不过是还算有趣罢了，我很纳闷父亲何以要去看那样一部电影。后来还是二哥揭开了秘密：那部片子里，有一场戏，表现鲁班受母亲的启示，发明了木匠工艺里的墨线盒子；鲁母扮演者王汉伦，是20世纪中国早期无声影片的女明星，父亲早年看过她主演的《孤儿救祖记》后，大受震动，以后凡她出演的电影，一定去看，是否给她写过表达仰慕的信件，用二哥的话说是"十分可疑"。王汉伦在有声片出现后，就基本上隐退了，因为她说不来"国语"。但到五十多岁的时候，她却又昙花一现于孙瑜的片子里，没有台词，仅以面部表情和肢体语言，塑造一位慈蔼而又睿智的劳动妇女。因为父亲观影后连赞"姜是老的辣"，使得我也觉得王汉伦确实非同凡俗。前两年我购得《鲁班的传说》光盘，把王汉伦出演鲁母的片段反复看了一阵，思绪缱绻。

艺术催梦，明星诱梦，无论雅俗，人生难免携梦而行。我儿子那一辈，念念不忘的是南斯拉夫电影《瓦尔特保卫萨拉热窝》和《桥》，里面的台词至今可以脱口而出，电影配乐及其插曲随时哼唱。"80后""90后"的一辈，一般已不知谁是白杨、赵丹，更遑论王汉伦、金焰，甚至对达斯廷·霍夫曼和山口百惠也茫然无知。大多只对港台的已中年的刘德华、张曼玉和刚出道的二十郎当岁的新星梦寐以求。梦在更新，梦在继续。人生携梦，有甚稀奇？倒是从未被文艺打动，连青春期都无绮梦的人士，堪称罕见。

但是，我们一定要做一个健康携梦人，就是一方面以梦想寄托心灵里某些无法在现实中安放的东西，一方面心里头倍儿明晰：人首先需要在现实中立足；能够成为所谓"梦中人"的，实属凤毛麟角；携梦前行却不可让梦吞噬。我的童年和少年时代一直住在一个机关大院里，那本是一所带花园的豪华四合院，后院有极粗壮巍峨的古槐，槐荫下后罩房西头那家，子女众多，事业有成者不少，但那家的大哥，那时已经三十多岁了，身体看上去没有毛病，却整天坐在一只大木箱上，痴痴地傻笑。据说他是在少年时代迷恋上了电影，特别迷恋影星胡蝶，收集了无数有关胡蝶的资料，全珍藏在那只木箱里；他荒废了学业，稍大几次离家出走，去寻胡蝶，等到父母感到他不是一般的荒唐，而是患上了精神病时，再带他去求医问药已经晚了；但他的病态是安静型的，对他人没有侵犯性，后来也不再离家乱转，每天除了吃饭、睡觉，就是坐在那只大木箱上傻笑。据他母亲说，他是觉得自己已经跟胡蝶成婚，在幻想中过上了美满的夫妻生活。当时的时代潮流是绝不允许年轻人坐在家里吃闲饭的，所以街道上安排他到纸盒厂当工人，他母亲送他去上班那天，从前院我家窗前经过。当时我和父亲都看见了，父亲感叹了一句："唉，让梦毁了啊！"父亲的感叹，是我第一次受到"应该做一个健康携梦人"的思想启迪。

值得庆幸的是，我们家的成员，我的亲友们，以及社会上的绝大多数人，都是健康携梦人。父亲虽然没有什么卓越的功勋，但是你如果去查阅五十几年前的《人民海关》杂志，会看到他发表的关于海关业务方面的论文；他晚年在解放军外语学院的教学成绩，更有许多学员口碑为证。二哥几十年来一直是某方面的技术专家，他热爱电影却一生不可能直接参与电影的创作，这更彰显出他生命状态的丰富与浪漫。人在社会中先找到并确立自己可奉献社会，并从社会获得安身立命的职业，再从容携浪漫梦想跋涉于人生途程，才算活得有意义，活得有趣。

做一个健康携梦人，主要是自我控制。身边亲友的适时提醒，也是防止因梦成患的重要因素。社会舆论导向，非常重要，时下某些传媒对文艺梦、追星梦的无节制渲染，只顾吸引眼球换取经济效益，而忘却了对青少年心性健康发育所担负的社会责任，挑逗有余，规劝不足，是应当加以检讨并切实改进的。

格里菲斯《党同伐异》里关于古巴比伦陷落的场面，拍得是那样气势恢宏、层次丰富、摇曳多姿，那时绝无电脑制作等特技手段，甚至连与远处联络的对讲机也还没有发明出来，基本上就靠搭景在自然光下实拍。真难想象他是怎么指挥那几百人的大场面的，又怎么会到头来呈现于观众眼前的镜头里，前景、中景、后景、远景里人与物的运动那么样地既复杂又和谐？看着那些片段，我这样想：我们的人生，是否也应该是如此多层次、远景深而又杂乱中得协调、运动中保平衡呢？

精彩赏析

作者开篇设置悬念：二哥兴奋地宣布终于找到啦！他找到什么了？这个悬念引出下文。二哥是个电影迷，四处收集老电影光盘，最终梦圆满了。作者和父亲也是影迷，但是父子三人都有一个共同的特点，就是把追梦当成精神层面的享受，只是把梦放在心里，和现实区分开来，能够自我控制，不影响现实生活。文中运用对比的手法，列举了一个追星的反面教材——邻居家里的大哥，由于过度沉迷电影明星胡蝶，导致精神恍惚，无法正常生活，整个人也被"梦"给毁了。通过对比，作者总结出一个道理：要学会自我控制，做一个健康的携梦人。

铁糖阿伯

● 心灵寄语

> 铁糖和铁糖阿伯带来的惊喜和甜蜜,将被我们永远刻在记忆里。

一口气从网上订购了七本书,送书来的小伙子戴个眼镜,原来是个大学生,我请他坐,主动跟他聊天。他说勤工俭学的主要手段是家教,但插空也跑外卖,送过比萨饼和猫粮猫砂。我给他倒杯热茶,又递他一块包玻璃纸的精制米花糖,他道谢接过,发出一声感叹:"铁糖啊!"

我不免问他怎么把米花糖叫作铁糖,他说,铁糖就是他的故乡,就是他的亲人。

原来,他家乡在皖南。他们那里每到腊月,家庭主妇就会先用大木桶蒸出很多米饭,熟米饭放在大笸箩里,把板结的饭团细心捏散;冻几天后,放在太阳底下晒干;最后笸箩里就全是微微膨胀的有些透明的米粒;这些特殊的大米会被放在米袋里,等候铁糖阿伯的到来。

一般是在祭灶前十多天,村口传来摇拨浪鼓的声音。孩子们闻声就会往家门外跑,跳着颠连步,朝摇拨浪鼓的那几个大人奔去,大声喊:"先到我家!我家!"

来的一般是三个男人。一位背着一只大铁锅,一位背着筛子和模子,第三位背着一袋沙子和一捆工具。

他们是来制作铁糖的。

率先请到他们的那家的孩子,会非常得意,在门外向别的孩子炫耀:"我妈备的米细,我家的糖稀好香,还有大罐白糖,好多好多的花生米和芝麻!"

他们到了邀请的人家,就支上锅,先把那家备的米和沙子混在一起炒。那家多半备好了足够的干棉花秸,燃起的火很红很亮,棉花秸噼啪响,大锅铲响叮当。炒够火候,就把米粒和沙子倒在筛子上,筛子摇呀摇,那些变黑的热沙子,很快全都漏下。于是最激动人心的时刻来到了——糖稀入锅搅匀,炒米均匀撒入糖稀,还有白糖、花生和芝麻,一股热腾腾的香气,就会弥漫在这家屋里,氤氲到屋外。孩子们瞪圆了眼睛,看下一步——起锅了,黏稠的米花糖浆倾入了木模,不待完全冷却,已被师傅用刀划成了许许多多小方块——铁糖制成啦!几个孩子争着吃鲜,几个孩子急着呼唤:"该去我家啦!快呀!"

送书来的大学生告诉我,他的父亲,每到腊月,就会带着两个徒弟,背着家伙,走乡串户,去制作铁糖。那是他几十年的重要副业。制作铁糖的时间虽然就是腊月里二十多天,挣的钱却接近全年种稻子、棉花总收入的一半。

他的父亲在家乡,是名声很大的铁糖阿伯。

因为制作出的米花糖手感像铁块般硬,所以那里的孩子都管它叫铁糖。但铁糖放到嘴里却很酥脆。往往是,农家母亲会请铁糖阿伯制作出几十斤来,搁在米袋或瓦缸里,当作孩子的零食,足够那家的孩子吃上几个月乃至半年。大人也吃,农村汉子喝酒,有时会拿来下酒。

他父母在他之前,生下过两个女孩。两个姐姐长大后,相继嫁了出去,婆家都不富裕,两个姐夫都是憨厚的农民,一直留在乡里种田;到了腊月,就跟着岳父,一个背锅,一个背沙子和工具,摇着拨浪鼓,走乡串户,去制作铁糖。

父母，两个姐姐，加上姐夫，都把上大学的希望，寄托在他的身上。他上高中，上大学的费用，可以说，大部分是父亲制作铁糖挣钱供给的；两个姐夫还经常放弃自己应从岳父那里得的工资，比如说，在得知他必须购买自用电脑的时候。

他说，我递给他的米花糖，是食品厂生产的，米粒大概是先过了油，那味道，他吃不惯。他是吃家乡炒米铁糖长大的，他笑问我，他身上是否有土制米花糖的特殊气味？

我问他父亲身体还好？他说没有什么病，只是脊背弯了。他说，这几年他们家乡经济发展很快，镇上有了超市，巧克力等新式糖果流行到了村里，每年邀请铁糖阿伯去家里制作铁糖的主妇都在减少，今年已经不再走家串户，只在中心村租一处地方，设固定点，让需要加工的主顾带着炒米、糖稀等物品来，制作完了带回，生意不旺，收入也就不多。

大学生告辞，我往外送，正好两人从楼窗望见下面，人行道上有伙刚来到城市的农民，扛着铺盖卷，他就说："里头有人真像我两个姐夫——铁糖阿哥。他们说了，也打算进城来挣钱呢。"

他走后，我许久都没翻他送来的书。他让我读到了意外的书页。

精彩赏析

作者在文章的开头写道"一口气从网上订购了七本书"，可见作者对这些书的喜爱和期盼，末尾写道"我许久都没翻他送来的书。他让我读到了意外的书页"，再精彩的书，都不如生活中的真实的故事更加触动人心。文中用细腻的笔触向我们描写了铁糖的制作过程，让我们对铁糖这一皖南特产有了非常清晰的认知。同时也向我们介绍了"铁糖阿伯"和"铁糖阿哥"这种职业，他们是一个时代的印记。随着时代的变迁，铁糖和制作铁糖的人即将从人们的生活中消失，体现出作者的不舍和感慨。

从抖腿到凝神

🌸 心灵寄语

> 不管是戏曲、明星演唱会、音乐会，还是芭蕾舞，只要我们去现场观看，都应该保持一种虔诚的心态，凝神去品味。

我小时候绝非神童而是顽童。四五岁的时候，在重庆，父母常带我和兄姊去看厉家班的京剧。厉家班是抗日战争时期陪都最出色的戏班。"重庆谈判"的时候，毛泽东和蒋介石并坐观赏过厉家班的演出。但那时候我看不懂京剧，在哐哐哐的锣鼓声中，坐在大人膝上，兴奋莫名而已。八岁时随父母到了北京，中华人民共和国成立后有了新剧场和新式演出。有趣的是，父母都很适应京剧的新式台风，我却偏冥顽不灵。有回他们带我去看戏，我在座位上扭股糖似的不安生，哼哼唧唧地无理取闹："我要看茶壶嘛！怎么老没茶壶嘛！"原来旧式京剧演出，主要演员唱完一段或数段，就会有一位穿长衫的人端着一个小茶壶，出来喂歇气的演员饮茶润喉，行话叫"饮场"。虽说京剧是大写意的虚拟手法，但"饮场"毕竟破坏了剧情的连贯，而且，你想想，无论是即将碰碑的杨继业，还是带枷发配路上的苏三，观众正同情他们的悲惨遭遇，却忽然一段唱完有人来给他们喂茶，如此享受，作何解释？除了"饮场"，旧时还有"检场"，比如《三堂会审》，苏三跪下前会有穿长衫的人来为她放下软垫，终于唱完站起来后那人又会出来取走那个软垫。我小哥很早就是票友,攻梅派青衣,他在家里自排《三堂会审》,我就总盼着当"检场"时给他放椅垫,后来他很不耐烦,翘起右手食指"嘟"的一声将我斥退。

看京剧,起初我只爱看三种剧目。一种是开打的,《三岔口》那种"冷打"不甚喜欢,最喜欢的是锣鼓喧天中满台扎靠背旗摆翎的武生花面,耍着大刀斧钺双锤双锏,激战得不亦乐乎,而且当中还一定穿插许多小兵的筋斗连翻。每当锣鼓顿止,台上诸战将凛然定格亮相,我也会和大人内行一样使劲鼓掌。第二种是旦角戏,但《武家坡》那种青衫贫相的旦角不懂得欣赏;《贵妃醉酒》那样的宫妆又觉得累赘;最喜欢的是《凤还巢》里程雪娥那类的装扮,头上许多饰物在灯光下闪烁如星,更有那衣衫上绣出的大朵牡丹或七彩珍禽艳丽夺目,如有这样的"阿姨"(刚到北京还不习惯使用"阿姨"一词)贯穿全出,则剧情已在其次,小小的心,完全被其华光异彩所迷惑。第三种是剧情层次分明的"整戏",如《三打祝家庄》,有悬念,有跌宕,小孩子也能看得明白。

十来岁的时候,跟家长去看戏,大体上坐得住了。但如果是沉闷的折子戏,前后剧情不明,只有一个衣衫素净的老旦或老生在台上咿咿呀呀许久,我不耐烦,不由得左腿便连续抖动。母亲一般总坐在我左边,她就会眼睛盯住台上,右手默默地按住我的左腿,或者更轻拍几下,以示制止。有一回我仍顽固地抖腿,她忍不住侧过头来,轻声责备:"幺幺,不可以!"那时的剧场基本上都是铁木结合的连体椅,我的抖动,使附近座席上的观众也感觉到了,妨碍他们静心赏戏。记得那回观戏到家,父母跟我郑重地讲了一番道理,大意是无论看得懂看不懂,要尊重演员的演出和同场观赏的人士,而且,艺术这个东西,你以一份虔诚的尊重进入,久而久之,原来不知其味,渐渐可以品出醇厚的美味。在父母兄姊的指点带动下,我不但逐渐改掉了在剧场里抖腿的臭毛病,像边看边吃零食呀,非

\ 试卷上的作家

把没喝完的汽水带回座位,一不留神把搁在脚下的瓶子碰倒滚动咣当当响呀,没到半场休息就非要挤出大半排去如厕呀,等等行为也都逐渐克服。到十三四岁的时候,以欣赏京剧来说,我算得上基本入门了。像老旦戏《傅氏发配》、麒派老生戏《徐策跑城》,场面并不华美热闹而心理冲突细腻复杂的《二堂舍子》等,我都能凝神观赏,品出味道了。

现在影视网络文化发达,像在露天或体育馆里举办的歌星大型演唱会,我也将其划入此类视听文化的范畴,古典意义上的剧场演出,相对式微,京剧和其他戏曲都不够景气,连"大剧场话剧"也比较萧条,"小剧场话剧"虽然活跃却又"星火"难以"燎原",倒是音乐会和芭蕾舞等品种较为热络。但以我身临现场的感受,总难获得一个"虔诚尊重"的欣赏氛围,不管演出前怎样广播提醒,演出时总有手机彩铃声响起,闪光灯明灭;有的年轻恋人是观赏为次,欢聚为主;或演出间进进出出,零食不断;或座席上姿态做派不雅。有的年轻父母望子女成龙成凤,却又不会教育指点,台上音乐偶像献艺,台下幼龙雏凤比抖腿还要嬉皮。

愿以母亲留下的一句话勉励自己,并供大家参考:要像爱惜每一篇字纸一样,珍惜这辈子亲眼看到的每一场演出。

精彩赏析

作者善于从细微处着笔,以小见大,从看戏时的抖腿、喧哗,这样的小处落笔,在平实的语言后面,饱含着他对生活的感受,值得读者细细去咀嚼。本文最后提示人们要像爱惜每一篇字纸一样,珍惜看到的每一场演出。作者喜欢在文字里通过各种方式阐述道理和对生活的广泛观察及深入思考,亲切自然,读后令人有一种似曾相识的感觉。

预测演练三

1. 阅读《藤萝花饼》，回答下列问题。（8分）

（1）通读全文，概括文章中的三件事。（3分）

_____

_____

_____

（2）作者说的"一道无形而坚韧的屏障"具体指什么？（2分）

_____

_____

_____

（3）对于以"藤萝花饼"为题，理解最恰当的一项是（　　）（3分）

A."藤萝花饼"是贯穿全文的线索，文章以此为脉，展开故事情节。

B."藤萝花饼"是"我"曾经最爱的美味，勾起了"我"对过往的美好生活的回忆。

C."藤萝花饼"象征着人与人之间最真挚朴素的情感，启发了"我"对人生境界的思考。

D."藤萝花饼"反映出"我"和高大娘的和谐邻里关系及高大娘为人真诚、善良。

2. 阅读《神圣的沉静》，回答下列问题。（9分）

（1）下列对文章的理解和分析，不正确的一项是（　　）（3分）

A.文中写作者拾起石块朝悬崖下奋力掷去，身体的姿势从旁看去就更惊心动魄了，"惊心动魄"写出了小孩子的活泼顽皮所具有的强烈感染力。

B. 山间的险路终于走完，作者感觉到母亲"那肥厚的手掌满溢着凉湿的汗水"，这一细节写出了表面沉静的母亲对"我"此前举动极为担心。

C. 文中写母亲客观地向作者讲述她认可的别人的作品，作者认为这些话"具有点穴的效应"，"点穴"一词形象地表明了母亲的话语的针对性。

D. 本文按照时间顺序，从"童年"写到"中年"，由"存心让母亲看见着急的动机"到体悟"她遗留给我的精神遗产非常丰厚"。情感真实厚重。

（2）请具体分析"我"惊讶母亲能有第二层次的深刻想法的原因。（3分）

_____
_____

（3）请分析文章最后一段的作用。（3分）

_____
_____
_____

3. 写作训练。（60分）

清朝的龚自珍曾经说过这样一句话："万人丛中一握手，使我衣袖三年香"；孟子曾说："君子莫大乎与人为善"；法国雨果曾说："善是精神世界的阳光"。

请以"与人为善"为题材，写一篇相关的文章。

要求：标题自拟，角度任选，主题突出，不少于800字。

谢幕与终曲

🌸 **心灵寄语**

> 沉浸于艺术,是我的人生之旅中"美丽的停顿"。

至今回想起母亲,在剧场演出结束后,那样重视演员谢幕的表现,还不禁感动。

她不仅会随着大家一起鼓掌,微笑地仰望着走到台沿谢幕的演员,还总是嘴里喃喃有词,发出些感叹赞扬,仿佛人家会听得见似的。她总属于把掌声坚持到最后,直到幕布合拢再不掀开,才意犹未尽地离场的那批铁杆戏迷之一。不等回到家中,在公共汽车上,她就会抿着嘴笑,跟家里人宣布:"今天谢幕六次啊。真精彩呀。"或者说,"别看今天谢幕才三回。其实也很了不起。"她很少有对演出不满意的时候,当然,那也是因为剧目是我们自己选择的。父亲只爱看京剧,母亲除了京剧,其他剧种比如评剧、曲剧、河北梆子也都喜欢,而且也很爱看话剧。我小时候跟母亲进剧场观剧的次数最多。

母亲重视演员谢幕,当然首先是对演员有一份浓酽的尊重。她说过嘛,应该像爱惜每一篇字纸那样,珍惜每一回观看到的演出。但那也绝不仅仅是一种理性支配下的礼貌。母亲有感悟艺术的天性。记得十几岁的时候跟她去看中国青年艺术剧院演出的契诃夫名剧《万尼亚舅舅》,孙维世导演的,金山主演。那出戏展现的生活和人物不仅离我那样一个中国少年极其遥远,其实与一直并没有走出过国门的母亲也很隔膜。但是幕布一拉开,记得第一幕布景是19世纪俄国外省农庄花园一隅,穿西服的绅士和穿拖地长裙的淑女慢条斯理地在台上活动着,从树荫下的长餐桌上银闪闪的大茶炊里接茶喝,说着一些很平淡的话,我开始真有些"猪八戒吃人参果不知其味",不知不觉左腿抖动起来。母亲感觉到了,用右手轻按我左腿膝盖,轻声在我耳边说:"看他们多不顺心啊!"母亲这一句提示,竟让我一下子捕捉到了此剧的情调,我像母亲一样专注地观看,渐渐从那些似乎平淡的对话里,听出了味道,小小的心于是琢磨起来:景色那么美,穿的、吃的、住得那么好,可是这些人为什么那么不快活?……当然,整出戏演完,我也不能说真看懂了什么。演员谢幕的时候,母亲照例感动地久久鼓掌,我也跟着鼓掌。回家的有轨电车上,我跟母亲说:"这戏好。"母亲问:"好在哪里?"我就说:"万尼亚舅舅跟他侄女儿索尼娅说:你的头发真美。索尼娅说:一个人长得不美的时候,人们就会安慰她,你的头发美……"母亲微笑了,笑得像缓缓开放出一朵花,说:"能记住这么几句台词,也不枉你看了这么一出戏,他们也不枉演了这么一场啊。"

戏如人生,人生如戏,这话太老了。其实还可以说些"年轻话"——戏吸引人恰是因为不尽如人生,而人生的诡谲其实远非任何戏剧可比。现在回想起母亲带我看戏的种种情景,忽然憬悟:观戏的最大意义和乐趣,是在人生中镶嵌进一些"美丽的停顿"。

母亲带我看了戏,也熏陶出了我的文明习惯。母亲仙去二十年了。现在我进剧场不多了。但一旦去剧场观剧,我总是提前进场,中途绝不"抽签"。我最见不得那些未到幕落就站起来撤退的看客,我总是以真诚的鼓掌和仰望来对待演员谢幕，离开剧场回家的途中，我会回味那些最打动我的片段。

西方古典歌剧正式开幕前，往往会有好几分钟的序曲。多数西方电影的最后，是一边放映详尽的演职员表字幕，一边响起终曲，有时终曲会是一首很长的歌，像好莱坞大片《泰坦尼克号》的主题曲，就不是穿插在情节流动当中，而是放在最后字幕走动时，由席琳·迪翁深情唱出。许多中国观众还不习惯在电影院里静坐到全部字幕走完，欣赏完终曲再离座，有的影院甚至也不待拷贝彻底走完便停止放映；一些人士在家里看光盘，就更不耐烦听电影的终曲了。记得三年前我在巴黎蓬皮杜文化中心看一部法国电影，故事结束后黑底子的字幕走动了大概有五六分钟，但只有少数观众离场，多数人都静坐在座位上欣赏那伴随着字幕的终曲。我置身在异国他乡的那种情景中，忽然想起了母亲，想起了她虔诚地对待演员谢幕，我更加铭心刻骨地意识到：沉浸于艺术，是我们人生之旅中"美丽的停顿"。

精彩赏析

作者饱含深情地回忆起了关于母亲重视演员谢幕的一些经历，对母亲观看完演出之后的习惯进行了详细的描写，表现了母亲对演出的珍惜和对演员的尊重。文中列举了母亲带"我"去看契诃夫名剧《万尼亚舅舅》，这一经历反映出母亲对戏剧极强的理解力，并从中品味出生活的道理：快乐是心灵的一种追求，和金钱、名利、地位没有关系，观看演出的目的不只是精神上的短暂享受，而是从中得到一些启发。

框住幸福

● 心灵寄语

> 古往今来,人们对幸福的追求从未止步,但是到底什么是幸福呢?幸福是健康、是自足、是乐观、是与人为善!

接到惠姨电话,问我什么时候得闲,她要给我送些镜框来。惠姨虽是远亲,可是父母在世时,常来我家,待我很好。记得我的第一本安徒生童话集,就是在我十二岁生日,她送来的生日礼物。后来我们来往越来越少,最后一次见面是五年前她老伴去世,接到通知后,我和妻子捧了一篮白菊花去她家,安慰了她好一阵。前年她退休了,倒也过得安闲自在。近年来我们只是在春节时互通电话拜年,没想到这跨世纪后的春节期间,她忽然说要来我家。

惠姨来,当然欢迎。但她不说来拜年,说是送镜框,这颇费我们猜疑。妻子说:"她是长辈,论拜年应该我们去她那儿,她来,自然不说是给咱们拜年,但她来还要带镜框当礼物,这就未免太客气了。干脆,还是再去个电话,咱们提些营养品,去她家吧。"我就给惠姨打电话,按妻子的口径说了。惠姨说那不好,因为那天她不止来我们家,还有附近几处亲友,她都要送去镜框,我只好依她。放下电话,我恍然大悟,一定是惠姨退休后手头不甚宽裕,借着身体尚好,揽了哪个公司的活儿——推销镜框。这倒也不足为怪,无可厚非。

约好的那天,惠姨来了。虽有思想准备,还是让我们大吃了好几惊。首先,她不像是她,倒像她那在武汉安家的闺女,眼角虽有明显的鱼尾纹,脸颊却泛着天然的红润;脱下天蓝色羽绒服,现出一身贴体的玫瑰红保暖运动服,她那腰身不仅不显肥胖,竟比五年前时苗条了许多;乌黑的头发她说是才染过,但依然丰茂,样式也不古板;问她坐什么车来的,竟回答是骑自行车来的,说是既健身,也好驮装镜框的大提包……我不禁笑道:"呀,真不知道来的是阿姨还是表姐了!"

　　落座沙发上,呷了几口妻子送上的香茶,惠姨就兴致勃勃地打开提包,掏出若干镜框,让我们挑选。她说:"你们喜欢哪个留哪个!"那些镜框大的可装十二寸相片,小的可装四寸相片。所有木制镜框都保持原木颜色,那正是我和妻子都喜欢的雅致格调。她不住地笑问:"怎么样?好吗?喜欢吗?"我和妻子交换了个眼神,连连赞好,有意多挑了一些。看我们真的喜欢,几乎每种尺寸、样式都至少挑了一个,她爽朗地仰脖笑了:"好!好!我没白来!"妻子搬出更多的零食招待她,我把为她准备好的营养品提到她跟前,对她说:"惠姨,这只是一点儿小小的心意……至于这些镜框,您也别优惠,该多少是多少……"惠姨的笑容忽然定了格,几秒钟后,她先是敛了笑容,轮流看我和妻子的眼睛,然后她忽然大笑起来,把拳头砸在了我肩膀上,高喊:"你们呀!想到哪儿去啦!……"

　　误会很快消除。原来这些镜框全是惠姨自己制作的。起初,她只是为了怀念老伴,老伴生前喜欢做细木工活,留下了一匣子工具,还有许多的木料;后来,她觉得制作镜框既健脑也强体;再后来,她从中获得了极大乐趣,沉浸在美的境界里;近来,她心里头更翻腾着一种激情,就是要把自己的幸福感和快乐情绪,尽快地与亲朋们分享……

　　坐在我们眼前的惠姨,原来是一个幸福而快乐的生命。我原来总觉得，在眼下这样的一个时空里，持久的幸福感与快乐的情绪是可望而不可得的。温饱无虞，却总觉得自己所得还不够多，向往成功，形成焦虑，有所成功却又这山望着那山高，反倒更焦虑了；凡付出劳动的总想谋求最高的付酬，凡不能上市的事物就都不愿投入；自己的幸福快乐总怕享受不了多久，不但没有与人分享的冲动，而且对别人获得的幸福和快乐按捺不住妒火中烧……

惠姨告别我们，又给别的亲友送镜框去了。妻子立即挑选照片往那些镜框里放，不住地举起选出的照片问我好不好。我却还坐在沙发上咀嚼、品味惠姨来访所馈赠于我的心灵营养品。幸福的向往不该是无边的。一位大富豪前些时候为什么跳楼自杀？其实即使他的财产大缩水乃至破产，如能甘心回归到一般人的温饱生活，仍可心灵欢畅，但他的欲望只能往无边沿的深渊处膨胀，而完全不能由朴素的健康心智将其框定在适当的弹性范畴里。是的，我们要学会框住幸福，它应该由健康、自足、乐观、与人为善框住。

精彩赏析

文章以"好久没有联系的远亲突然要来拜访"这一情节开篇，设置悬念，引起了读者的猜想与好奇，"她有什么事情吗？"，而这一疑问也正是作者本人当时的内心想法。然后，作者对前来拜访的惠姨进行了细致的外貌描写，突出了惠姨外貌的变化之大，从侧面反映出惠姨变得年轻许多，以此表明惠姨现在的日子过得很幸福。文章通过对比的手法，将惠姨此时的幸福与快乐，与作者原来的观念进行比较，突出了因为计较太多、算计太多而与幸福无缘的错误心态。最后，通过列举一个富豪跳楼的事件，深化文章主题：幸福需要我们用健康、自足、乐观、与人为善框起来。

美瓷不碎

🌸 心灵寄语

> 也许，最懂得艺术的人，反而是那些最质朴、最纯真、最原始，且不受世俗干扰的人。

朋友许君热爱陶艺，他在经营一家业务兴旺的企业之余，在京郊开办了一所完全不以赢利为目的的乐陶园。常常约些同好在那里弄埴烧陶，烧出来的陶瓷作品时有神来之笔，他就得意地举办内部展览，实际上也就是高雅的私人派对。他和来宾们在那场合交流陶艺心得，也兼山南海北地神侃，每每尽欢而散时，已月成金钩，蛙声一片。

许君和他朋友们烧制陶瓷作品追求的是自得其乐，出炉后如果觉得不满意，一定马上捣碎，而如果凸现个性、灵气四射，则先自己浮一大白，再招呼他人一起转着圈儿欣赏点评；虽说是不以赢利为目的，但在派对中展示时，也时有来宾提出实在喜欢，要付款买下，有的作品也就那样被请走；付款的原则据说是随意，但我目睹了几次那样的"随意"，买方是企业家，或演艺界大腕，那付出的数目，像我这样的人，是无论如何也"随意"不起的。

那天许君又来电话约我去他那乐陶园。我说实在是有事，去不了。他说什么事那么要紧，还是希望我去；因为他们几个陶艺发烧友新创作了一批作品，其中有的实在不必谦虚，可以用"美轮美奂"来形容，我若不去先睹为快，会是很大的"审美损失"。我就告诉他，是我捐助的一个穷乡僻壤的小学生来我家了，现在家里就我跟他，难道我带他去？他可是一点儿陶艺的概念也没有啊。许君说没概念那更好，他来，对我们来说，多一双特别的眼睛；对他来说，眼睛里会多装一些东西，岂不两下里都有趣？就这样，我带那叫泼娃的小学生到医院检查完身体，就直奔远郊许君的乐陶园而去。

到了乐陶园，许君和一群熟朋友都对我和泼娃表示欢迎。许君就给泼娃一块巧克力，让他别客气，可乐、雪碧随便喝，可以到处走动观看，但嘱咐他千万不能动手摩挲任何东西。

我细细观览完许君他们的杰作，就跟他们一起到院子里大杨树下，坐到休闲椅上喝咖啡，神侃起来。正当我们言谈甚欢时，忽听那边屋子里"咣啷啷"一阵刺耳的声响。我立刻跳起来，气急败坏地冲进屋里，果不其然，是泼娃把展示桌上一件作品弄倒在地，摔得粉碎！许君和别的朋友也都进了屋，一瞬间，我看见泼娃的脸红得像团火，而许君的脸白得像块冰。我不知该用什么话重责泼娃，泼娃却两眼噙着厚泪，跟我说："那……实在太奇了，就像我们村里老得动弹不得的黄牛的眼睛……我心里不落忍，就伸手摸它，让它别怕，有人疼它……"我们一群大人全都愣住了，那件作品的外在形态并非黄牛，我们刚才哄然叫妙，这个说有米开朗琪罗般的悲剧情调，那个说大有令人遍体清凉的禅意……但谁也没能像泼娃那样进入到审美的最高层次！许君一把将泼娃揽进了怀里，我和别的朋友不由得鼓起了掌来。

那件美瓷没有碎，它永存于泼娃心中；而且连同泼娃那出自淳朴胸臆的审美评语，将永远鲜活地珍藏在我、许君及其在场的朋友们心里。

精彩赏析

本篇文章以"陶瓷"为线索，贯穿整个故事。作者开篇详细介绍了陶瓷作品的来历，而且在写瓷器被"请走"时连用了三个"随意"，虽然用语诙谐，但突出了瓷器精美，价格不菲。接着，作者提及许君一再邀请他去乐陶园赏瓷，不仅从侧面再次强调瓷器的精美，而且引出了作者带泼娃去乐陶园的情节。然后，作者讲述陶瓷被摔碎时，更是采用了比喻的修辞，生动形象地表现了瓷器摔碎时泼娃的紧张、害怕和许君的惊愕、痛惜。此时，泼娃对美瓷评价的话，将故事推向了高潮——泼娃把瓷器当成了一个有生命的事物，并激发出了自己对它的呵护之情。他质朴、纯真的话，触动了现场的每一个人的心，所以才有了结尾那段话。本文虽故事简单，却寓意深刻。

玻璃翠

● 心灵寄语

> 无论你是多么优秀的人，在为人处世中，都应该保持低调、谦逊的心态，因为人无完人，一味地显摆、炫耀，最后只会暴露自己的"脆弱"，落得个身败名裂的下场。

那次参加一个笔会，费用是一家物料公司赞助的。公司总经理是一位热爱文学的中年妇女，参加活动的作家此前大多不懂何谓物料，她就拿出两只高筒玻璃杯来，举例告诉大家：一家大宾馆落成，投入使用前除了家具等大型用品外，必然还要配备些小东小西，"比如我手里的玻璃杯，一个宾馆需要的数量非常可观，而且要经常更新换代，我们公司就是专门向他们成批供应这类日用物品、消耗材料的……"。介绍完她的公司，她就宣布将赠送我们每人一匣那样的玻璃杯，每匣八只，是钢化玻璃制品，不怕跌落磕撞的。说完就演示，将左右手各握的玻璃杯用力相撞，谁知一撞就全破裂了，哄堂大笑中她十分尴尬，忙又拿出几只玻璃杯，连撞带摔，这次确实体现出了钢化玻璃的非凡品质，无一破损。她对大家说："再怎么钢化，玻璃总还是玻璃，你们使用的时候，还是别跟我似的故意去摔碰显摆吧！"

我头一次见识钢化玻璃杯，是改革开放初期，一位熟人从日本访问归来，带回了一只，他不但自己经常故意松手将其跌落地下，而且还特别乐意将其塞到别人手中，鼓励将其摔碰。记得他命令我将那杯子"完成自由落体运动"时，我真的很心慌，那毕竟是只玻璃杯而不是锰钢杯啊，犹豫了好几分钟，才哆哆嗦嗦地撒了手，杯子落地发出咣当脆响，我闭上眼睛再睁开，还在地上旋转的杯子竟发毫无损！后来熟人们见了他那杯子，有的就会不请自摔地当新奇玩意儿取乐，谁知有一回一位熟人只是轻轻地把那杯子从桌上往地下一拨，杯子一落地便在我们面前碎成了一片玻璃碴，大家顿时惊呆了，杯子的主人深呼吸了一下，才解嘲地说："钢铁战士也还是会衰老，会去世的啊！"

如果把人比作玻璃杯，那么，钢化玻璃杯，就好比是具有优势的个体。或者学历高，留过洋；或者地位显，言如鼎；或者名气大，人气旺；或者财富多，生意大；或者竟兼而有之，俨然时代骄子；这样的人士当然比一般人经得起震荡，不会轻易破裂。这些人在钢化自己的过程里，备尝艰辛，弥足自豪，但是钢化所获得的品质，应该用来造福社会、关爱他人、提升自己，而不应该产生高人一等的心理，觉得反正自己具有优势，因此就满不在乎起来，故意地摔碰显摆，恃学历而移花接木，端官架子说官话玩忽职守，吃老本甚至停耕辍织却自诩虚名，夸张露富狂妄推行以蛇吞象的计划……这样的"钢化玻璃杯"，就算主观上还不是想背德违纪犯规触法，客观上却难免招致种种尴尬抨击追究惩罚，甚至身败名裂，最终化为一堆不成器的碎玻璃碴。

其实，就我们每一个普通人来说，性格里都可能有类似钢化玻璃的成分。我们常说的一个词是脆弱。仔细想来，脆比弱可怕。弱，往往从外在形态上，就让别人和自己多一分警惕，因此，弱点一旦挑明，也就比较容易注意克服，为人处事能够低调，危害性也就因而变小。脆，好比玻璃，外在形态上，是硬而透明的，人心理上多半有这种"脆点"，不少"脆点"还加以自我"钢化"。比如觉得自己是"强人""心到必然功成""永不言败"，或者觉得自己"反正问心无愧""他人奈我何"，因此该缩手时不缩手，该放弃时不放弃，该妥协时不妥协，该心软时不心软，该求其次时偏硬撑着去拔尖。为人高调苛刻，也就好比总是故意地把钢化玻璃杯往地上扔，以为无论如何自己的"钢铁决心"是可以经受强烈震荡的，结果呢，咣当一声，竟然破裂粉碎了，后悔莫及。其实，早该意识到，自以为是钢铁般硬的东西原来是玻璃般脆，而且，即使硬如钢铁，也有老化的时候，要居"硬"常思"脆"，自觉地克服"脆点"，实事求是地对待社会、他人和自己。

有一种草花，叫玻璃翠，植株叶片半透明，很像浅绿色的玻璃，开出的红花如缄默之唇。这花很容易栽养，建议有志于发现、克服自己"脆点"的朋友都养上一盆。不仅是因为玻璃翠这花名谐"玻璃脆"的音，仔细观察，你可以发现这花的茎叶一方面真如玻璃般凝实晶莹，一方面又显露将其一掐必断的脆弱特性，它的生长，是把自尊、自强、自傲、自爱，与自戒、自慎、自审、自警结合在一起的，常常面对这样一盆草花，比常用钢化玻璃杯喝饮料，更能获得人生启迪啊。

精彩赏析

作者向我们讲述了两个关于"钢化玻璃杯"的故事。那个时候,钢化玻璃杯刚开始流行,属于一种新鲜的事物,也是一种传说中优质的材料。可是两个故事的共同特点是,钢化玻璃杯在主人的显摆、炫耀中粉身碎骨,打破了摔不坏打不碎的传说。从"钢化玻璃"这种材料的特点,作者联想到了类似的人,什么样的人呢?作者经过细致的分析,向我们展示了这类人的特点:自身可能有某方面的一些优势,因此非常自豪,对普通的人一副满不在乎的样子,为人高调,爱炫耀爱显摆。作者对这种人是持批判的态度的。从钢化玻璃联想到普通人,可以悟出,普通人都有钢化玻璃脆弱的特点,经不起折腾。作者的观点是,要时刻保持警惕,努力克服掉自己的"脆点"。文章末尾,作者提到了一种名叫玻璃翠的草花,这种花也有脆弱的特性,因此我们可以买来放在眼前,时刻提醒自己,从中受到启迪和鞭策。本文主题突出,语言优美、生动,值得学习思考。

非量化因素

● 心灵寄语

> 数字化时代中，可以量化的事物是冰冷的，毫无感情的，而那些不可量化的事物就显得更加珍贵，因为它的感性和温情。

电子技术使我们进入了数字化时代。数字化也就是量化。似乎一切事物都可以最终地解构为数字。故去不久的美籍华裔历史学家黄仁宇在他的一系列著作里反复强调数字化管理的重要性，认为中国近代史上之所以有百多年落后于西方，就是因为长期缺乏量化思维与管理手段。现在我们中国进步极大，数字化已经渗透进我们的日常生活，比如我们用光盘听音乐、看电影，那些曼妙的声音、绮丽的画面其实全是一连串数字记录的回放，量化的程度越高越细，则效果就越好。我们的住房条件更可以用一系列数字来形容：建筑面积多少，使用面积多少，每平方米值多少钱，装修花费多少，物业管理费多少……甚至连四季阳光射入窗内的总时数也可以估算出来。无论是整个社会的发展还是我们自身生活品质的提升，进入到自觉、严格、细致、准确的量化程序，得以用数字化体现出来，当然都是可喜的事。但是，我们生命中仍有着值得珍惜的非量化因素。一位微电子专家说过，不要以为精微的数字化手段能够模拟表达一切，比如说，一对夫妇站在摇篮边，当他们都默默注视了摇篮里的爱子后，又抬头相视的那一瞬间，他们的表情，尤其是洋溢在内心的情感，那是无法量化，而又坚实存在的因素。这一因素比其他所有把他们结合在一起的可量化因素，包括他们的年龄、学历、收入、住房条件等，更为紧要，是无价的——所谓无价，也就是无法以数字衡量价值，因而尤其珍贵。

再举一例，我到过许多人的书房，哪一位的书房给我印象最深，最令我羡慕呢？那是在挪威奥斯陆郊区，一位汉学家何莫邪的书房。若问我他那书房怎么个好法？是面积大、藏书多、装潢雅致还是光照足、设备全、舒适恬静？以上这些因素都是可以量化的，像装潢，可以从投资额上量化；恬静，可以从外来声音的分贝值上量化；而他那书房以可量化因素而言，其实并不能占到上风，不仅面积并不怎么阔大，窗户朝向欠佳，全年进光的时长不高，如果用仪器测量其空气流动的日平均值，其数值恐怕也未必令人欣喜。但他那书房里的非量化因素，比如说那样一种不身临其境绝对感受不到的氛围情调，却是令人留恋、陶醉的。近年我在北京东郊农村找了一间书房，因为离温榆河较近，将其命名为温榆斋，我就特别注意将其非量化因素营造好。在那里面写作，我有一种身心融入了温榆河周边大自然、彻底舒张的感觉。这感觉无法用数字表达，甚至也很难用文字描述形容，是一种情感的涟漪在推衍，一种诗意的云霓在闪现，构成我生命中最宝贵的要素。

我们常有焦虑。仔细检验便会发现，所焦虑的，几乎全是可以量化的东西，而且焦虑的具体思维模式，也是十分数字化的。也不能说以数字化手段焦虑可量化事物就不好。就做事的社会效益与自身合法权益而言，重视可量化因素不仅必要而且务须认真。但必须消弭焦虑中的不良成分，关键在于要把那些多余的数字剔除。一位熟人跟我说，他一度曾为自己住宅里只有一个卫生间，而昔日有的同窗家里却享有两个甚至两个以上的卫生间而陷入自惭形秽的焦虑。但一次他却在仍住在胡同杂院，如厕还需出院的一位同窗家里，目睹身受了其家人间无法用数字量化的那种温馨亲情，竟如醍醐灌顶般清醒过来，再不让几个卫生间之类的量化焦虑败坏自己的心情。

在一个数字化的时代，一个人在精神上能自觉地保持些不必也不可量化的，与数字无关的情愫，那真是一种福气；而且，这样的人多起来，人际间也就不必将一切都加以量化了。那么，在数字化程度越来越高的时代步伐中，氤氲出以情感和诗意交织的非量化因素，也便构成了整个社会愈加祥和的吉兆吧。

精彩赏析

文章采用分总的结构，对数字化时代的量化事物和非量化事物进行了具体的介绍，最后进行了总结，明确了本文的中心思想。本文结构明晰，读来容易理解。在对量化事物进行介绍时，作者列举了大量的例子，如音乐、电影、住房等，让我们对量化事物有了更充分、更清楚地理解。在对非量化事物的介绍中，作者为虚无的东西找到了载体，如父母和摇篮里的孩子，朋友和"我"的书房等，使读者理解起来更加容易。作者提出，导致我们焦虑的东西大部分是可量化的因素，因为量化容易引起人与人之间的攀比和不平衡，这种量化的因素必须及时消除；而我们应该去追求那些非量化的事物，因为保持非量化的情愫，是一种福气。如果整个社会都能保持足够的非量化因素，那么社会会变得更加祥和。

心灵百叶窗

心灵寄语

> 我们的心灵是与外界沟通的窗口，但是这个窗口可不能随意开关，因为外面的世界是纷乱复杂的，因此我们需要给心灵的窗口装上一个百叶窗，随时调整窗口的大小，保持最佳的状态。

你的心灵小木屋，有与外界沟通的窗口，那心灵之窗，你安装百叶帘了吗？

常常地，你为那从窗口满泄而入的金光，满心欢喜，无比自豪。是的，人生怎能没有光明，心灵怎能任其幽暗？心灵小木屋，必得有大千世界的光和热涌入，才会有生机，有生趣，才能酿出灵感，产生出创造的冲动，所谓幸福与欢乐，与心灵门窗的敞开程度，一般来说，是成正比的。

但是，在生命历程的某些时段，外界所射入的光，未必都是纯净的阳光。你取得了某些成绩，获得了某些收益，于是，捧场的光、阿谀的光、嫉妒的光、怀疑的光，都可能灼热刺目地破窗涌入；或许令你兴奋莫名、忘记了自己的实际斤两；或许令你顿生烦恼、不能冷静自持。这时，如果你的心灵之窗安装了操纵自如的百叶，那么，你就可以灵活调整那叶片的开合程度，使那些光线恰到好处地透射进来——你需要适度的鼓励之光，以滋润你那在奋进中也许有些疲惫的心灵；你也应该适度地容纳批评挑剔之光，以使自己清醒地认识到自己的不足，甚至还可以有更深层次的憬悟——即使你的作为已接近至善完美，但他人仍会严酷地审视你，哪怕是一丝的不妥、一毫的疏忽，你要习惯这种人类的心灵碰撞现象——其实，你作为别人的一个"他人"，那审视称量的眼光，又何尝不苛刻？

不过，当下的中国人，因成功发财而受到强光照射的，毕竟还是很小的一部分，中间状态的所谓"芸芸众生"，多有"不如意事常八九"之叹；还没有走上社会的学生，学习的压力，升学的压力，家长"望子成龙"的压力，同学间公开竞争与隐性攀比的压力都不小；从技校或大学毕业出来的青年人，求职的压力，求到职后工作任务的压力，特别是人际交往间怎么也磨合不好的压力，都会使心灵里蓄满焦虑。在这种情况下，适当开大心灵的窗户，增加进光量，并扩展自己的视野，可作为第一步措施。但天有阴晴风雨，不能总是企盼外光来疗救自我心灵因焦虑而派生出的幽暗低沉；再说，瞭望外面那精彩的世界，这山望去那山高，懂得山外有山天外有天，固然有激励自己在这以竞争为发展机制的社会中，胸怀抱负艰苦奋斗，以期能跻身"成功人士"行列的好的一面，但过多地"外望"，欲望膨胀，把心旌弄得噼啪乱卷，也可能会生发出好高骛远、不自量力的浮躁乃至非分之心；这样，就必须采取第二步措施——安装窗帘，使自己和窗外的光线与风景，保持能以变化的互动关系；而一般的窗帘，比如左右开合的布制窗帘，又有着要么遮蔽要么豁然的弊病，还是百叶帘好，它可以使你与窗外的光线与风景的关系随时调整到最佳状态。

在生命的某些时刻，不仅卷起百叶帘，而且洞开窗扉，让外界的阳光、气流，挟带着人间的复杂滋味涌入，当然是必要的，也往往会给我们带来生命中最直接的快感。但是，在生命的更多时段，还是以心灵之窗的百叶帘，把内心的光线与氛围调节在对自己最恰切的状态吧。如果外界泄入的光线太强，就把百叶合拢一些，保持一派安谧平静。如果外界一时阴雨绵绵，就点燃你的心灯，把你的心灵小木屋照得和平时一样明亮。

你那心灵小木屋的窗户还没有安装百叶帘吗？莫迟疑，快动手，赶紧把它装上！

精彩赏析

本文采用总分总的结构，首尾照应，结构完整，脉络贯通；文章语言优美，多具有哲理性；句式多变，有排比句、比喻句、反问句等，增加了文章的可读性。作者把我们的心灵比作一扇窗户，把他人的捧场、阿谀、嫉妒、怀疑，比作射入窗户的光。当然这些光我们不能全盘接受，因此作者引出了百叶窗帘的概念：要抵挡不好的光，接纳好的光。对于芸芸众生而言，生活中有太多的不如意，有压力的时候，我们应该打开心扉，让更多的阳光照射进来，扫除内心的阴霾。当我们发现自己的欲望过于膨胀的时候，应该把窗帘收紧一些，冷静下来思考一下。百叶窗帘应该如何调整，没有统一的答案，要根据我们的处境进行认真的判断。文章末尾和开头相照应，采用反问的句式，使得语言更加活泼，消除了文章的沉闷感。

给心房下一场雪

● 心灵寄语

> 人生应该有丰富多彩的追求，不要只局限于一个领域，也许你在某一个领域技不如人，不要气馁，你一定可以在你擅长的领域崭露头角。

人生途程，难免遭遇干旱，有炎夏的干旱，也有冷冬的干旱，相比而言，冬旱更令人气闷，会导致心房里淤塞着猬刺般的焦虑，这时候，你该自觉地，给自己心房下一场雪。

是的，人们都在说，现在进入了一个竞争的年代，每个人都该不畏竞争，勇于投入竞争，争取在竞争中成为赢家，跻身于所谓"成功人士"行列——这些话并没有说错，但说得并不全面，并不准确，全面而准确的说法，应该在强调竞争、奖励赢家的同时，还必须强调要建立起保障。因为竞争失败而成为弱者、输家的那些社会成员，他们也需要获得为人的尊严，并享有社会财富基本配额的权利。这是在竞争的旱季里，整个社会应该落下的透雨、飘飞的瑞雪。

但我们自己，不能只是消极地等待社会的雨雪，我们自己，要在心房里给自己下一场雪。那飘飞的雪花，以自知之明凝成，也就是，不要对自己苛求，不必在竞争中给自己定下那么高难的名次指标，须深深地懂得，冠军、亚军、季军固然可喜可贺，能跻身前八名也相当荣耀，而能在前一百名里，亦足可自豪；就是仅仅及格，只要自己尽了心努了力，也无妨为自己干上一杯！

那心房里的雪花，如自然界的雪花一样，营造出一个洁白的世界，去掉嫉妒，摒弃狭隘，对他人的成功，只要那确是其努力的成果、才智的发挥，即使不必为之鼓掌欢呼，也大可默默为其高兴。深知这世界不可能人人第一，个个拔尖，不可能一律成功，不可能统统获得等量的财富与名声，差别是永远存在的，层次是难以抹平的，我们所应感到义愤填膺、坚决反对的，是不在一个起跑线上开跑，是竞争规则的不合理，是竞争过程里的不公平裁决，是暗箱操作、违规乱来，而并不是冲过终点线有先有后，以及社会对先到者的奖励。这样的心房雪花，能使我们化解掉因落后而生出的焦虑，使我们经过一段拼搏后，能接受呈现于面前的，不那么令我们满意的现实处境。

人生对于我们，只有一次。个体生命不能脱离群体而生存，而群体共存的较佳规则，是公平竞争，这是我们应该认同，并投身其中的，人类的文明积累，也因此而日渐丰厚；但我们生存的意义并不仅仅局限于此，我们还应自觉地享受群体竞争之外的人生乐趣，那是超越名次地位，超越学历职称，超越金钱财富，超越所谓成功与失败的界定，超越他人的评价，并且也超越自我评估的。那至为宝贵的，属于自己的人生乐趣之一，也是给自己的心房来一场白蝶飞舞般的瑞雪，那些雪花可能是亲情、友情、爱情的回味，可能是童年往事的追忆，可能是生命历程中许多琐屑却璀璨的闪光点，可能是唯有你自知，或者竟暧昧莫名的某些隐秘情愫……

不要喟叹人生途程中遭逢冬旱，快，快在自己心房里下一场滋润生命的瑞雪吧！

精彩赏析

文章多处提到在自己的心房下一场雪,并以此统领全篇,使文章的主题更加鲜明。在充满竞争的群体社会里,每个人都勇敢地投入到竞争之中,虽然结果不可能使所有的人满意,但是失败的人,只要尽了自己最大的努力,那么就是最大的成功。作者在这里强调了必须是公平的竞争,那些竞争规则的不合理,竞争过程里的不公平裁决,暗箱操作、违规乱来,作者是严厉抨击的。对于竞争,作者倡导我们要以坦然的心态面对,成功了固然高兴,但是没有成功,也不至于伤心、焦虑,郁郁寡欢。"不要喟叹人生途程中遭逢冬旱,快,快在自己心房里下一场滋润生命的瑞雪吧!"文章的结尾,作者把人生途程中的失败比作了冬旱,把宽容、坦然比作生命中的瑞雪,点明了文章的中心思想:人生难免失败,要坦然接受和面对。

榛子奶奶

● 心灵寄语

> 当我们整日忙碌于追逐名利的时候,我们似乎丢失了自我,丢失了最初的梦想,有时候,停下脚步,回头看看,你会发现,那些你一直追逐的东西就在你的身后。

儿子叫他杨哥,我也跟着那么叫。杨哥五十开外了,人高马大,是个服装批发商,热爱摄影,近几年生意都让妻子打理,自己三天两头开着越野面包车,往远处去拍风光照,来我家,没别的话题,就是给我看他拍的照片,讲述拍照中的见闻。有时,儿子休息,杨哥就会拉上他去一起拍照,儿子用数码相机,杨哥坚持用装胶片的相机。"数码无艺术",这是杨哥的口头禅,儿子也不跟他争论。

儿子告诉我,杨哥现在最大的愿望,不是生意上的发展,妻子埋怨他"哪天破了产,连相机也得拿去抵债",他只呵呵傻笑。杨哥告诉儿子,现在生意确实难做了,但是保持一定的收益,维持他家小康的生活,由着他性子在摄影上"发烧",这局面还是稳定的。"小康胜大富",这也是杨哥的口头禅。

但是,杨哥常有失落感,不仅当着我儿子,在我面前,也扼腕叹息多次。杨哥热心参加许多的摄影比赛活动,通过他,我才知道原来如今有那么多的摄影比赛,大多是某地某机构为开发本地区的旅游事业,或某企业为推广自己的品牌名声,举办的相关活动里,有摄影比赛这一项。杨哥渴望得奖。儿子说,每当送出参赛作品,等待公布得奖名单的那段时间里,杨哥的眼睛就会由红变绿。但是杨哥总不能得奖。有两回得了三等奖外的"鼓励奖",那能算得了奖吗?有一回得了第二名,但那是他赞助了三千元的结果,三千元不公开的赞助换回一千元奖金和一张奖状,杨哥自己也觉得可笑,"我都不好意思把那照片拿给您看!"。杨哥不给我看,我也就没看。他扬言:"我要得一次真的大奖,我就复制出来,装好镜框,给您挂到墙上!"我就笑:"那何必!其实你们那次拍的榛子林就很棒,挑一张放大给我就行呀!"

那批照片确实很精彩。杨哥和我儿子轮流开车,去了北京版图最北端的一处山村,从印出的照片上看,真是世外桃源,植被竟然那么厚密斑斓,山下野花迷眼,山上高树茂密,古老的栗子树、榛子树那么粗壮雄奇,村居村路多用山石砌就,村民男壮女健,就连那些鸡埘猪圈,看上去也古朴悦目。当然,杨哥也不忘拍些具有时代特征的镜头,比如刚刚开业的"榛子林餐旅店",接收电视信号的"银锅",挎着双肩背书包的村童……杨哥挑出了三张最得意的,参加了一个严肃杂志举办的摄影大赛,那当然是不要参赛者交赞助费的,评委里有德高望重的摄影界老前辈和艺术界名流,儿子说"杨哥这次最少也是三等奖",但是,结果却是名落孙山。

那天我留杨哥晚饭,他有点喝闷酒的趋向,我就尽量开他的话匣,控制他啤酒的量。他说要把几张制作得大小不一的榛子奶奶的照片,给她送过去。儿子就有些犹豫,说那地方手机没信号,而且气温降得早,把照片寄过去也就是了,何必再往那么个路况凶险的地方跑？杨哥就跟我儿子说："你不去我去，寄去，收不到怎么办？"见我听不懂，儿子就解释，榛子奶奶是村里的老寿星，据说过百岁了，山上最粗的那株榛子树，就是她栽的。榛子奶奶直到二十几年前，才头一回离开山村，进了趟北京，在天安门前，照了张相。但是"背篓邮递员"送信的时候，在山溪边滑倒，掉到溪水里转瞬丢失的几个邮件里，有一个就是人家寄来的照片。我就跟儿子说，你应该陪杨哥把新的照片送到榛子奶奶手里。

他们送照片去，一进村就愣了。全村人正为榛子奶奶办丧事。唢呐吹出高昂的曲调，接着是鞭炮连串响。看到他们带去的照片，不仅榛子奶奶家的高兴，村民们传看完，最大的一张就挂在了"榛子林餐旅店"的堂屋里，住在那里的几个年轻游客也都赞照片拍出了百岁老人的独特神情。榛子奶奶的重孙子告诉他们，这是喜丧，他们就是天上掉下来的神仙！几个山村壮汉，胳膊交叉，组成了两乘轿子，让他们分别坐上去，随着送葬的队伍，往山顶上走。密密的树林，旋转的落叶，坠落的榛子、栗子、松子落到头上身上，让心窝好痒好甜……在山顶，那棵最古老的榛子树下，人们埋下了骨灰盒，竖起一块石碑。那天杨哥和我儿子成了山村的一员，每一户人家都跟他们称兄道弟，跟他们说常常回来，炕随便睡，馍随便吃，菜随便捡，酒随便喝……村民簇拥到村边，唢呐声声送别，杨哥和我儿子全笑着哭了。

他们回来给我提来一兜大榛子，给我看新拍的照片，我对杨哥说："这次拍的一定得奖。"杨哥说："还要什么别的奖？我已经得了大奖啦！"

精彩赏析

文章故事的主角是"杨哥",这个随意的称呼从侧面反映出他们关系的亲近。作者对"杨哥"这个人物的描写主要是从语言、思想、行为等方面,向我们呈现了一个摄影发烧友的形象,但是杨哥在摄影上是个郁郁不得志的人,在摄影大赛上屡屡受挫,唯一一次得奖却是赞助换来的。从对摄影奖项的追求上可以看出,杨哥是一个光明磊落,不屑于弄虚作假的人。这也从侧面反映出这个社会的虚伪和复杂,是作者对社会的一些现象的抨击。作者用大量的篇幅讲述了关于榛子奶奶的故事,他们拍的榛子林和榛子奶奶的照片很精彩,但是并没有得奖,最后却得到了村里人的一致赞扬。文章末尾杨哥的一句话"还要什么别的奖?我已经得了大奖啦!"突出了文章的主旨:别的奖都是虚伪的、不值得追求的,只有得到人民群众的赞美才是最大的奖。

预测演练四

1. 阅读《谢幕与终曲》，回答以下问题。（8分）

（1）"至今回想起母亲，在剧场演出结束后，那样重视演员谢幕的表现，还不禁感动。"母亲是如何重视演员谢幕的？（2分）

_____

_____

（2）在剧场表演结束，播放谢幕和终曲的时候，中国的观众和外国的观众有什么不同的表现？（3分）

_____

_____

（3）契诃夫名剧《万尼亚舅舅》这部剧的开篇是怎样的一幅场景？（3分）

_____

_____

2. 阅读《美瓷不碎》，回答以下问题。（13分）

（1）下列对文章相关内容和写法的分析，不正确的一项是（　　）（2分）

A. 第②段写瓷器被"请走"时连用三个"随意"，用语诙谐，写出"我"的感受，突出瓷器精美，价格不菲。

B. 文章注重前后照应，如"但嘱咐他千万不能动手摩挲任何东西"与后文"我心里不落忍，就伸手摸它"相照应。

C. 第⑤段写听完泼娃的话后"我们一群大人全都愣住了"，表现出"我们"的惊讶和对泼娃摔碎瓷器的愤怒。

D. 题目意蕴丰富，既指美瓷完整地永存于泼娃的心里，又指美瓷和泼娃的审美评语永远珍藏在"我"和友人的心里。

(2)第三段写许君一再邀请"我"到乐陶园赏瓷有何作用？（4分）

(3)请赏析"我看见泼娃的脸红得像团火，而许君的脸白得像块冰"一句运用的手法及作用。（3分）

(4)为什么说泼娃的审美是最高层次？请简要分析。（4分）

3. 写作训练。（60分）

"当你紧握双手，里面什么也没有；当你打开双手，世界就在你手中。"人生就是这样，有舍就有得，有得必有舍。鱼与熊掌不可兼得，因此需要我们在人生的道路上进行正确的取舍。

请以"舍与得"为话题，写一篇文章。

要求：标题自拟，角度任选，主题突出，不少于800字。

打地铺

心灵寄语

> 社会越来越进步,人们的生活越来越好,可是人们之间的亲情却越来越淡薄了,这种现象或许应该想办法改变了,为了我们,更为了我们的下一代。

　　翠芳是幼儿园的阿姨,有时来跟我借书。这天来却不为借书,说是很苦恼,想跟我说道说道。

　　事情是由她负责的大班的莉莉引起来的。有的孩子多动,很难管,莉莉多嘴,更难管。吃饭的时候不许说话,可是只要翠芳转身处理别的事,莉莉就总要跟饭桌上的同伴说话。到自由活动时间,那莉莉一张嘴就跟吐玉珠似的,她说个痛快,小朋友们也听得入神。

　　前些天,歇午觉的时候,忽然有小朋友跟翠芳提出来:"阿姨,我要打地铺。"她拒绝了一个,却又出现了三个,都要求打地铺。人人都有小床,睡着很舒服,为什么无理取闹?经过查问,这才知道,是莉莉跟同伴们讲了她家打地铺的事。

　　莉莉家来了亲戚,说是她爷爷的妹妹的闺女,带着闺女,暑假来北京玩,在她家住着,她家可热闹了!晚上,亲戚就在她家打地

131

铺过夜，那地铺是先在地板上垫一层硬纸壳，再铺一层褥子，再铺一张大凉席，可逗了！莉莉晚上都不愿意睡自己的床了，偏要到那地铺上跟表姐玩儿。表姐叫飞飞，她们俩就在那地铺上说呀笑呀，推呀滚呀……

莉莉家打地铺，成了同班孩子们羡慕的一桩美事。有几个孩子问翠芳："什么叫表姐？"她解释："就是你爸爸的姐妹的女儿，或者你妈妈的兄弟姐妹的女儿，如果比你小，就叫表妹，比你大呢，就叫表姐。"可是孩子们听不懂。有的就说："我爸爸妈妈没有兄弟姐妹。"有一个高兴地叫："我爸爸有弟弟，我叫他叔叔对吧？叔叔家的小惠，比我小，是我表妹吧！"没等翠芳回答，莉莉一旁插嘴："我妈妈说了，叔叔家的不是表妹，是堂妹！"于是就有一个孩子问："叔叔家的妹妹怎么就是甜的呢？"翠芳忍不住捂嘴笑，身边的孩子大不解："阿姨怎么啦？"

莉莉一连很多天都很得意。来到幼儿园，同伴们都围着她转。她每天都要带来一些她家地铺上的故事。就连几个平时很傲气的男孩也对她格外友好。莉莉说在地铺上翻筋斗又痛快又安全，越发惹得几个男孩子向往地铺。

没想到这事儿越闹越大。

有个孩子回到家要求打地铺，其中一个男孩妈妈说："穷人家屋子小，没有客房，没有空床，那才打地铺呢！"没想到那男孩对他妈妈说："妈妈，那我要咱们家穷！"气得他妈一时不知该怎么呵斥，最后就告到幼儿园园长那里，追究翠芳误导孩子的责任。

还有个孩子回家提出要求："我也要爷爷的妹妹的闺女带着闺女来咱们家打地铺过暑假！"家长听了笑弯了腰，送孩子来幼儿园，提的意见比较柔和："教孩子们绕口令是对的，但希望不要再编这样的绕口令。"翠芳只能尴尬地笑笑，实在是无从解释。

十来天后，没想到莉莉的妈妈那天把她送来后，把翠芳拉到一旁请教："你说这可怎么办？我们家亲戚回南方了，可莉莉不让收那个地铺，晚上她要去睡，还总说表姐说啦，欢迎我们到南方去玩儿，到他们家打地铺去，人家刚走，莉莉就总缠着我问：'妈妈，咱们什么时候去南方他们家打地铺呀？'你跟莉莉讲讲道理，让她别再胡搅蛮缠了好吗？"

莉莉是胡搅蛮缠吗？知道莉莉家的客人走了，地铺要拆了，好几个孩子竟跟莉莉一样沮丧，翠芳真不知道该跟莉莉和孩子们讲些什么"道理"。

翠芳来找我，说到底是跟我要"道理"来了。她说他们园长决定开一次家长会，让家长们讨论一下这个"打地铺事件"，各抒己见，互相启发。当然，幼儿园本身，也该有个说法，翠芳就应该跟家长们说说自己的感受。我问：那你们园长有个什么说法呢？翠芳说："园长认为，现在独生子女很多，独生的再生下独生，什么三姑八姨，二叔四舅，全成典故了；堂兄弟堂姐妹，表兄弟表姐妹，也都不存在了。家族关系单纯了，有好的一面；可孩子们能享受到的亲情，特别是手足情，就空缺了。家长们该在这方面动动脑筋，别让孩子回到家就孤孤单单。"

面对翠芳，我百感交集。地铺事小，折射出的内涵很多。我也讲不出什么"道理"。我只是建议，多琢磨琢磨北京话里"发小"的含义。也许，家长们能自觉地拓展社交范围，以孩子的"发小"来作为血缘"手足"的代偿，使莉莉这一代的民族花朵，能吮吸到丰富的情感，最后都结成善果。

精彩赏析

文章以"打地铺"为主线,向我们讲述了一群幼儿园的孩子们极度向往打地铺的故事。从打地铺这件小事,引发了幼儿园老师、园长、孩子家长的深思。故事构思巧妙,语言活泼,内涵丰富,一针见血地指出了当今社会存在的弊端,令人警醒。故事中的主角是一个幼儿园的小女孩,名叫莉莉,是一个特别喜欢说话的孩子。她把打地铺、表姐等趣事带到了幼儿园,引起了同伴们的羡慕和向往。天真无邪的小孩子的感情是最纯真的,更能体现他们内心的真实想法。这反映出孩子们对亲情的渴望。打地铺的事情引起了园长和家长的重视,但是这不怪孩子,也不怪老师,这是整个社会的弊端。因为孩子们都是独生子女,没有姑姑舅舅、叔叔阿姨,也没有兄弟姐妹,这才是孩子亲情缺失的主要原因。而这也根本不是幼儿园能够解决的问题。作者在最后给出了问题的答案:家长拓展社交范围,以孩子的"发小"来作为血缘"手足"的代偿。

千叶瓶

● 心灵寄语

> 金无足赤，人无完人，在人生的路上，每个人都有犯错的时候，只要我们勇于面对自己的错误，并积极去改正，积极去弥补，那么你就会成为更好的自己。

那只花瓶是他二十几年前从农贸市场买来的。造型一般，素白，底部连瓷窑标志都没有。花瓶陪伴他度过整个青壮年时期，见证了他娶妻生子，也接受了他"哎，我退休啦"的招呼。花瓶随他搬了两次家，在家里的位置更多次变易，近些年则一直搁放在书桌一角。花瓶插过鲜花、干花和假花。最后所插的是三根孔雀翎。

退休以后，他试图圆多年来写回忆录的梦。为此他专门购置了一个精美的十六开簿册，还准备了一盒十二支的绿色签字笔。为什么要选择绿色？完全是下意识驱使。在出售文化用品的货架前，他本是要拿黑色签字笔，忽然眼睛扫到了这种绿色的，好奇地抽出一支，在店里提供的试用纸上画了画，笔尖滑动的感觉和呈现出的绿色都让他愉快，于是买了下来。

但是，他翻开簿册，拿起绿笔，郑重地宣布："别打扰我，我要开笔啦！"之后却愣在那里，满脑子飞花飘絮，却不知该如何写

\ 试卷上的作家

出第一句来。好不容易写出了几行,却实在是不能满意,狠心用左手撕下那一页,却不料纸张挺括,反弹力使他握笔的右手杵到花瓶,花瓶一斜,忙去扶正,结果签字笔笔尖就在瓶体上画出了一个弯线。拿抹布擦,去不掉,又找来去污粉,还是没用,涂上衣领净再擦再用水冲,那道绿痕似乎更加分明,于是想到汽油,想到是否该去化工原料商店买某种稀料……

传来了妻子的声音:"你把弄脏的一面朝墙,不就结了吗?"又传来正好回娘家的闺女的声音:"爸,又不是什么值钱的宝贝,您干吗着那么大急?还是写您的回忆录吧,写出来,我给您录入电脑……"他望着破了相的花瓶,只是发愣。

第二天他用绿色签字笔,把那涂不掉的一个弯道,勾勒成了一小片绿叶,看上去,顺眼点儿。但瓶体和那么小一片绿叶,在比例上实在不相称。于是,他决定从那片绿叶开始,再连续勾勒出更多的,形态并不雷同,而又凹凸锯齿互补的叶片。

勾勒第一个叶片时,他当然是一种后悔的心情,责备自己把素白的瓶体,不小心给玷污了。后来,不知怎么的,心理态势的惯性作用吧,勾勒别的叶片时,接二连三,全是后悔的思绪。后悔小时候,不该为了贪摘树上的果子,急躁地把整个枝丫扯断。又后悔上小学时,同桌问自己借圆珠笔用,死活就不借给人家。

再后悔到上山下乡的时候,队里培养自己当"赤脚医生",却没有能把常见的草药形态认全。回城进工厂,先开大货车,后开小面包,再当上司机班长,更调进科室,好赖算是个干部了,就不免神气活现起来,给一起进厂的"插友",取不雅的外号大呼小叫。后来人家下了岗,找自己借钱,虽说也拿了一千给人家,却又跟人家说了一大车便宜话,仿佛人家困难全是不争气造成的……

听见闺女小声在问妻子:"爸的回忆录写出多少了?怎么抱着

个花瓶在鼓捣？"妻子小声回答："着了魔似的，每天总得花两三个钟头在瓶子上画树叶……不过他脾气倒好多了，下楼一块儿遛弯，还总跟我回忆以往的事儿，动不动还说，哪件事上对不起我，又是哪一回的吵架请我原谅……咳，其实我早忘啦！不过听他那么说，心里倒是挺舒服的……"

渐渐的，他那只花瓶，半壁外表都画满了绿叶，那些单线勾勒的叶片，大大小小，连续不断，看上去，仿佛当初入窑出窑时，就已经有了。而且，是工艺师事先就构思好，精描出来的，显得非常自然，也非常和谐，堪称雅致秀美。

他继续在花瓶另一面上勾勒绿叶。妻子说："难道你非得把叶子画满吗？铺满怕得上千片叶子，你累不累啊？"他边慢慢画，边沉吟："我还真怕那画满的一天到来呢！"

画另一面时，他已经意识到，画绿叶的过程，于他来说，就是书写忏悔录，就是灵魂的热水浴，也就是自我心灵的飞升……从中，他获得大感悟、大欢喜。

有一天，一位迷上古玩收藏的发小来看望他，忽然眼睛一亮，吼出一声："老兄，你从哪儿收来这么个千叶瓶？"他且不作声。那"插友"走近，小心捧起细看，哑然失笑："原来根本不是古董，连当代高级工艺品都不是啊！"他让来客小心轻放，说："对我自己而言，这是无价之宝！"他只简单解释了几分钟，来客便肃然起敬，并感叹："如果那些对社会负有更大责任的人士，都能有你画千叶瓶的心思，该多好啊！"

\ 试卷上的作家

精彩赏析

　　文章思路清晰，情节构思非常巧妙。全篇以一只花瓶为主线，刚开始是主人公不小心损毁了花瓶，然后是专心致志地在花瓶上画叶子，到最后发小评价花瓶，这三个故事情节构成全篇。最开始文章就对花瓶进行了简单介绍，为下文的故事情节埋下了伏笔，写主人公去买绿色的笔，也为后面画绿叶埋下了伏笔。文中描写了另外两个人物——主人公的妻子和女儿，从她们的语言中可以得知主人公对画绿叶的投入和专注。文章主题深刻，值得深思。最后通过发小的语言，突出了文章的主题：每个人都会犯错，但是犯错并不可怕，只要勇于直面过失，勇于自省和反思，并积极弥补过失，这样我们的心灵就能得到滋养和提升。

携鸡童子

🌷 **心灵寄语**

> 有时候你认为非常重要的东西，对别人来说可能没那么重要。因此重要不重要，是相对而言的。

听说香港"四大天王"之一的张学友决定放弃上央视春晚，理由是需同家人一起旅游。

我知道一位农村少年，他们中学的一个歌舞节目被所在地区的电视台相中，作为领唱兼领舞的他，本是可以在当地电视台初五的一台贺岁节目里露脸的，可是他却毅然放弃了这难得的机会，他的理由是，那天他必须充当携鸡童子。

从市里请来负责加工排练的导演对他说："你放弃的不是一次电视晚会，你可能就此错过一生的转机。"他的班主任老师觉得无法以语言表达遗憾，就长长地叹息了一声。

十六岁的少年却坚定地选择了初五携鸡童子的角色。他们那地区农村婚嫁的习俗尽管早已融进了诸多现代化的因素，但携鸡童子的设置，毫不夸张地说，已经有上千年的承传。就是在男方到女方家里迎亲的队伍里，一定要有一个携鸡童子。这童子要携带一只硕大古老的木制鸡笼——目前村里只有一家还藏有祖传的这种大鸡笼，最上面既是吊钩又是提手的部件包着铜皮；每家娶媳妇，都会借用——装进一只五彩大公鸡,随浩荡的迎亲队伍——如今是乘坐一队大红色的小轿车——来到新娘家。新娘家的嫂子、弟娃、妹子等,会拿来一只肥硕的母鸡,装进那鸡笼里,在打开笼栅接收母鸡的当口,携鸡童子和新娘家的人都会十分紧张,因为他们有着截然相反的任务。在新娘家的那方来说,他们应该趁那机会拔下公鸡的毛来,最好拔掉三根,然后拿去给尚未走出闺房的新娘,给她塞到鞋垫下,让她踩。那是有讲头的:"一打公,二打婆,三打女婿,好祥和!"意思是作为新媳妇进了门子,她不但不会受欺负,还能把公婆和丈夫制伏。当然,还是为了全家的日子祥和,但这祥和需以她为主心骨。这村俗真是很有意思,颇有"女权主义"的色泽。那么作为携鸡童子呢,他在开笼栅接受母鸡时,则一方面要脸挂笑容一团和气,一方面则要以身体的巧妙挪动遮挡,来防止对方拔去公鸡的鸡毛。据说这风俗延续到今天,女方的人只是虚张声势,并不一定真的拔毛,携鸡童子也只当是一场游戏,故意遮来挡去,双方笑作一团。公鸡和母鸡会合关上笼栅后,女方就不能再伸手去拔毛了,携鸡童子任务还只完成了一半。另一半任务,是要趁女方不备,偷走女方家一对茶盅或饭碗,将其双双再搁进鸡笼中。笼中的公鸡和母鸡自然是象征男婚女嫁,一对盅碗则象征着永远富足。其实携鸡童子只是装作"偷",女方早准备妥上好的盅碗装作"看守粗心";携鸡童子会倒掉盅碗里的红糖水,"趁其不备"将其摞起来放进鸡笼。然后,携鸡童子会随着迎亲的队伍返回男方家里。当然,那队伍里会增添新娘及新娘家送亲的眷属。

有人会认为携鸡童子在婚礼中的行为好笑吗?会认为充当生活里的携鸡童子这么个角色,大大地不如在当地电视贺岁黄金档里露脸吗?

我知道,就有那么一位农村少年,他堂哥虎年初五娶媳妇,他自愿放弃上当地电视台春晚,甘愿为堂哥去充当携鸡童子。按当地习俗,携鸡童子的第一人选是新郎的未成年的亲弟弟,如无亲弟则请堂弟代劳。他堂兄无亲弟，也无其他堂弟，他到虎年才足十六岁，家族和他自己都认为他责无旁贷。

可是现在离虎年春节还早。他们的那个很有地区特色的歌舞节目仍在不断加工中。替代他的演员虽然已经选好，也很努力地在排练，市里来的导演还是觉得他应该选择上电视，不理解那农村婚俗里的携鸡童子的角色为什么会深深地吸引着这个有着文艺才能的少年。班主任问导演，能不能跟电视台说说，反正每个节目都有先期录像备用，他们学校选上的这个歌舞节目，就让这个学生参与录像，到虎年初五那天把这节目的录像镶嵌进去，那天他去当他的携鸡童子，亲友和他自己当晚还能从电视上看到，岂不皆大欢喜？导演就说："那哪儿能行！如果当晚可以不去现场，张学友他也不必婉拒央视春晚了。"

十六岁的农村少年，为即将充当携鸡童子向往不已。问他为什么？他说："说不出来。反正以后我娶媳妇，也不能少了携鸡童子。"

精彩赏析

文章结构清晰，语言流畅，以携鸡童子为主线，向我们详细介绍了一位十六岁的农村少年的坚定选择携鸡童子的经过。文章开头讲述张学友放弃上春晚陪家人旅游，来反衬农村少年的不同寻常。文中采用大量篇幅详细介绍了关于携鸡童子的农村嫁娶习俗，让我们对农村地区古老的习俗有了深刻的了解，同时也体现了携鸡童子的习俗是一种积极向上的、祥和的、寓意美好的传承。而农村少年放弃参加春晚的机会，其实象征着对传统文化的坚守。农村少年的选择其实是对祖祖辈辈风俗的一种传承，人人都在追求进步，而对民俗传承的人却越来越少，这就是少年的可贵之处。最后是一个开放性的结尾，农村少年也说不出自己选择携鸡童子的原因，可以任由读者打开思考的空间。

一起去看

🌸 **心灵寄语**

> 每个人都是独立的个体，都需要得到他人的尊重，父母和子女之间也是如此。

儿子九岁那年，父亲跟他说："带你去看球！"儿子高兴得跳起来。

到了看台，儿子只顾吃冰棍，吃了冰棍又扭着身子要喝汽水。父亲生气了："你再这么磨人，下回不带你来了！"父亲教给他如何看球，他知道了什么叫角球，什么叫点球。

儿子十六岁了。父亲跟他说："带你去看球。"儿子不吱声。父亲提高嗓门说："带你看球你还哭丧着脸！谁该你二百块钱还是怎么的！"儿子晃晃肩膀出门去了。母亲跟父亲说："还记咱们仇呢。那回不让他去电影院看《望乡》。"父亲说："日本人的电影，有什么可看的。"母亲说："后来他不还是跟同学一起去看了。"停了停又说，"后来我问他，他说：'妈，我能看懂。'他白我一眼，说：'爸跟你就是太敏感了。'他后来不是又去看了《沙器》？"父亲说："他了得了！《沙器》讲的是儿子杀老子的故事！"停了停说，"都是你惯的！"母亲就叹气："他这阵不知道怎那么大气性。你总恶声恶语训他也不是个事儿。"

父亲独自去了赛场,在门口把多余的票退了。球赛不怎么精彩,双方磨来磨去死不进球。有年轻的球迷乱吹口哨,也不知是跟哪位球员、教练、裁判置气。中场休息,父亲去洗手间,半道忽然发现了儿子,跟几个同学在一起喝可口可乐,嘻哈议论倒也罢了,肢体没有一刻是正型,手舞足蹈地看着实在扎眼,本想过去吆喝几声,拼力强忍住了。父亲没等散场就回了家。母亲问他谁输了让他脸那么黑?他大嚷:"我输了!"儿子很晚才回家,只叫声妈,就回自己那间屋了,还把门关得紧紧的。父亲要冲进去跟儿子算账,母亲拉住他:"人家自己去看个球怎么啦?"

儿子上大学了。暑假在家,有天跟父亲说:"爸,我有两张票,咱们一起去看球吧。"母亲就看着父亲,父亲想了想,唔了一声。母亲布出一桌菜,爷俩儿喝啤酒。母亲听爷俩儿侃球,开头客客气气,后来抬起了杠,再后来语速加快,互相打岔。母亲心里有点紧张。但是最后爷俩儿一起去看球,一起回了家,回了家又坐在沙发上喝啤酒,把球场上的角色刻薄了一溜够。晚上母亲见儿子老晚还在弄电脑,就先敲敲半掩的门,儿子说:"妈,快来!"母亲过去,儿子让她看在电脑上画的画。闲聊几句后,母亲问:"你上中学时候,为什么不跟你爸去看球,还老跟他顶牛?"儿子笑了:"妈,我那是少年反叛期啊!尤其要反叛老爸!您记得他怎么造句的吗?——带你去看球!——我觉得自己是大人了,他还把我当成个附属品,可以随随便便地把我带来带去——其实那时候您跟老爸也没多大区别,动不动就'把手洗干净!''怎么把衬衫领子竖起来?'……就不懂得,第一,我不是上幼儿园的娃娃了;第二,我要有个性呀!……"母亲也笑了,母子肢体没有拥抱,心是拥抱得紧紧地了。

儿子工作了。有天父亲打他手机:"咱俩一起看球去怎么样?"儿子问是哪场,父亲告诉了他,儿子直言不讳:"他们能赛出什么味道来?整个儿是鸡肋!"父亲就乐呵呵地回应:"弃之可惜不是?"爷俩儿约定赛场门外不见不散。

父亲年纪不算太老,却坐上了轮椅。那天儿子回来看望。吃罢饭,儿子说:"爸,我带你去看场球吧。"母亲好高兴:"是呀,让你爸再乐呵乐呵。看电视上的球赛,他总乐呵不起来。"父亲却只是淡淡地唔了一声。

那晚儿子开车来接父亲,母亲告诉他:"我拦不住,他自己去了。他说他不要人带去。他说他又不是件东西,凭什么让人带来带去的?我说你不是不方便吗?他说现在到处的设计都考虑到了坐轮椅的人士,他完全可以自己去看球赛。他揣着你留下的那张球票就自己驾着轮椅坐电梯下楼了,还死不让我把他送上出租车。我后来从阳台朝下望,他顺利地从咱们楼门外的轮椅道上到了街边,拦住的出租车司机照顾他坐进了车,轮椅放进了后备厢……"儿子没听完就跑下楼,赶紧去开车奔往比赛场地。

儿子在看台上找到了父亲。看台上有为轮椅人士专设的空间。父子俩都若无其事地微笑着打招呼。

中场休息,儿子过去对父亲说:"一起去洗手间吧。"父亲点头。人们只见老的自己熟练地操纵着轮椅,少的在一旁同行,俩人分明对共同支持的球队的表现有所争议,你一句我一句地抬着杠……

精彩赏析

  文章用"一起去看"为文章的主线，统领全篇，结构简单明了，从儿子九岁，十六岁，上大学，工作四个时间节点，讲述了父子俩"一起去看"球赛的经历。从相互对立，到后来的相互理解，相互包容，相互尊重，他们逐渐变成平等的两个人。文中还有另外一条主线，那就是儿子和父亲的角色变化，最开始儿子需要父亲的照顾，到最后父亲坐上轮椅，需要儿子的照顾。角色互换之后，他们都能够体会到"带"这个字所传达出的情绪了。文中对母亲和儿子的对话描写，反映出儿子对家庭中平等和尊重的渴望，而父亲坚持坐轮椅一个人去球场，也反映了父亲对平等和尊重的追求。

相 册

● 心灵寄语

> 很多人都有一种随波逐流的心态,不管是文明的行为,还是不文明的行为,看到大多数人都在做,就喜欢跟风效仿。而真正能够做到出淤泥而不染的,才是最珍贵的。

小伙子假期跟几位"驴友"结伴下江南,一路上超快活。在苏州,逛完寒山寺,发现寺外过河还有个枫桥景区,就进去再寻个大快活。

发现那枫桥前方岸边,有个古人铜像,卧坐着,轻闭眼,搁在膝盖上的右手,被摸得变了颜色。见有的游人争着去摸铜像那只手,他和"驴友"岂甘落后,也纷纷去摸那手。想必摸了吉利。一路上,他们见到景点若干处所,塔形香炉呀,放生池呀,总有人往里头抛"钢镚儿",也都跟着抛;凡见别人去摸的,他们必摸。在道观里,他们随口念出"阿弥陀佛";在佛寺里,他们议论万圣节的南瓜扮怪。

一路照相。反正各自都有数码相机,相机电池耗尽,来不及回旅店充电,就权且用手机拍摄。在镜头前,他们的拍照姿势一个比一个夸张,一个比一个搞怪。

那时一个旅游团过去,铜像那里游人不多了,他们可以尽兴拍照。小伙子一跃而上,跃到基座上那古人铜像的怀抱里,歪倚着,咧嘴笑,一只手还打出 V 型手势,那边几个闪光,把他拍了下来。跳下铜像,笑作一团。

这时踱过来一位老先生,跟他们打招呼,重点瞄上了他,望着他说:"小伙子,高兴啊!"他就知道那老先生会批评他不该跳上铜像,立马主动说:"好啦好啦,不再上去就是啦!"老先生却笑吟吟地,开始跟他们聊天:"喜欢这铜像啊?知道他是谁吗?""知道啦,古人啊,唐朝的,写诗的啦!"有个"驴友"就哼了几句歌星毛宁唱的《涛声依旧》。小伙子高声说:"我们都知道,他叫李白!"老先生笑了:"李白的诗当然写得好,可是,这铜像塑的却不是李白。塑的这位唐朝诗人叫张继。为什么在这里塑他?你们刚才哼的歌,是把他当年写的那首诗,抻面条似的变化出来的。其实他写的只有四句,非常凝练。喏,那边的诗碑上,就有他的那首《枫桥夜泊》。"小伙子说:"知道知道。能背能背。"他和几位"驴友"就试着背,结结巴巴,只有"夜半钟声到客船"一句全对。"这铜像塑得真不错。"老先生引领他们围绕那铜像,从几个侧面指点他们欣赏。小伙子心里爱听,面子上却挂不住,插话说:"我们是自由行。我最烦导游絮絮叨叨。游人有权利按自己喜欢的方式来游览啦!"可是有几位"驴友"表示愿意听老先生讲下去。老先生蔼然可亲的话语最后还是征服了小伙子。老先生说:"你们应该在这里拍照。那个旅游团的成员,有的站在铜像一侧,摸着他右手拍照,大体还说得通。诗人用手拿笔写诗,摸着他手,沾点诗味儿……可是,还有更多拍照留念的方式。比如——"老先生拿出自己的数码相机,对小伙子说:"我给你拍张试试。拍好拍坏我都会当你面删除的。不过,要是我拍出的这个画面你喜欢,那我就用你的相机,给你拍

\试卷上的作家

下来。"老先生建议小伙子站到铜像右侧,望着诗人,启发他跟诗人进行超时空的心灵对话:"您为什么认为江枫和渔火是在'对愁眠'?那寒山寺的夜半钟声,为什么让您那么忧郁?人生除了享受快乐,难道咀嚼忧郁也是一种精神生活吗?"不知不觉地,照片拍下来了,拿给小伙子看,众"驴友"也围上去看,小伙子不想说什么,只是心里有丝丝缕缕异样的情愫旋动起来,那是他之前生命中不曾有过的体验。老先生把他那相机里的试照删了。"驴友"们纷纷按照老先生建议的方式用各自相机拍了照片。到最后,小伙子才把自己的相机递给老先生,说:"您给我拍吧。"老先生拍完,在跟他们道别前又柔和地说:"到这种名胜古迹里参观游览,谁也不可能把其中的历史、文化积淀一次性汲取完,但总归还是要让心灵多少悟到一点什么。另外,提个小意见。你们之前照相,总喜欢摆出个 V 型手势,V 是英文 Victory 的简写,表示胜利。可是,参观这样的地方,包括欣赏自然风光,并不是打仗、竞技,为什么非摆 V 型手势呢?我还注意到,你们原来几个人合影的时候,有的人是手背朝外打出 V 来,哎呀,在英国、澳大利亚、新西兰,那可是侮辱人的手势,形同骂人啊!年轻人,别生我气啊!萍水相逢,咱们今后可是要相忘于江湖了哇……"

小伙子旅游回京,把遇见老先生以前拍的若干照片全删除了,但打印了那张倚在铜像怀里摆 V 型手势的,又从以往相册里拣出了一些,合并到一个相册里。本来他想用油性笔在扉页上写"知耻相册"四个字,想了想觉得这个隐私还是更稳妥地保存起来为好,最后就写成了"ZC 相册",他想,自己如果有了时时翻看这个相册的勇气,就是自己在走向成熟吧。

精彩赏析

　　本文采用顺叙的手法，讲述了几个年轻人外出游玩过程中遇到老先生耐心教导的故事。故事情节简单，语言流畅，着重对人物的特点进行了细致的刻画。对小伙子和"驴友"的行为描写，反映出大部分年轻人的无知和狂妄，明知是错误的行为，却以此来取乐。从老先生和年轻人的对话中可以得知，老先生是一个博学多识、和蔼可亲的人，对年轻人的教导方式也是非常耐心和温和的。面对老先生的教导，年轻人并没有恼怒，而是嬉皮笑脸敷衍着，因为他们知道自己的行为是不对的，体现了年轻人内心的善良，他们并不是坏孩子。小伙子回家之后，把相册命名为"知耻相册"，点明了故事的主题：他从老先生的教导中意识到了自己行为的不文明，知道这是一种耻辱，并以这次经历时刻警醒自己，不再犯类似的错误。

替课阿姊

● 心灵寄语

> 当命运捉弄我们的时候，我们要用信念和勇气发起反击，赢得生命的尊重。

　　那天小时工阿芝又来为我的住处打扫卫生，我说起临街吵，想加装一层隔音窗的事，她扬起头说："那还不简单，让我弟弟阿虎来给你装好啦，保你满意，价钱公道！"我们就约定一周后的今天下午，她跟她弟弟一起来给我的窗户量尺寸。

　　阿芝按时来了，她弟弟却没有一起来，阿芝说她弟弟生意很好，现在正在另一家安装，很快就完活，半个钟头后一定到我这边来。阿芝一边收拾屋子，我一边跟她闲聊。说起她弟弟阿虎，有文化，念到高中毕业呢，所以到北京发展得很好，先是给人家当制作安装塑钢窗的小工，现在自己当小老板，租了门面房，生意很红火；阿虎闲了就读书，口碑好，装了这家介绍到那家，家家满意。谁知说着说着，阿芝挺直腰肢略事休息，却叹口气说："哎，那时候啊，我总盼他得病，盼他腿摔断了一百天才好！"这让我大吃一惊。

　　正想跟阿芝问个究竟，门铃响，阿虎到。一位虎虎有生气的小伙子，出现在眼前。

　　阿虎细心地量完了尺寸，跟我商定好价格和上门安装的时间，阿芝也把卫生打扫完了。我就说，如果他们下面没有事情等着急办，请坐下，大家剥橘子吃，稍微聊一会儿。我说看他们姐弟二人很友好的样子，可是阿芝的话却古怪，说什么盼弟弟生病，甚至盼弟弟腿摔断了养一百天……阿虎说："是呀，那时候，我愿意为阿姊得病，愿意爬树再摔断腿，好让阿姊高兴！"这对姐弟，让我彻底糊涂了。

后来姐弟俩一五一十跟我讲起二十几年前的事，我才明白。他们家乡，按大区域论，绝非穷乡僻壤，但是具体到某些边边角角的地方，比如他们那个村，直到现在，也还比较穷。阿芝所以叫阿芝，其实是长到六七岁，家里大人还没给她取名字。她懂事以后，就听父母叫她姊姊，意思跟招弟差不多，她也果然招来了弟弟。村里有位老爷爷，据说最有学问，能读古书，知道古书里最重要的四个字是"之乎者也"，就来给他们姐弟都取了名字，姐姐叫董之，弟弟叫董乎；如果再生的，则可以叫董者、董也。上户口的时候，户籍警建议，姐姐叫董芝，弟弟叫董虎，当然同意，因为他们乡里管姐姐都叫作姊姊，董芝就是董家姊姊的意思嘛，而董虎确实属虎。那时乡里有很多人家不让女孩子上学，只让男孩子去上学。董芝到了上学的年龄，就正式帮父母干农活了。董虎满了六岁就去了学堂。那时候，学校有个约定俗成的规矩，就是如果有哪个学生病了，那么，容许他们家里别的孩子，去替他上课。一般替人上课的，多是姊姊，因此替课阿姊，也就成了他们那个乡里人人听到无须解释的一种角色。阿芝回忆，她第一次当替课阿姊，是阿虎上三年级的时候，因为贪吃山豆——野生的无柄樱桃——拉了两天肚子，她便背上阿虎的书包，去了学校，坐到阿虎的座位上。她用手摸那坑凹不齐的课桌桌面，心里仿佛揣了块热糕，老师讲的她一点儿也听不懂，可是她努力地含着眼泪听呀听……到董虎上五年级的时候，因为爬到老高的杨树上去掏鸟窝，下来时候不小心摔得小腿骨折，伤筋动骨一百天不能上学，阿芝就去当了足足一百天的替课阿姊！那是替

\ 试卷上的作家

课的第九十三天,老师提问,阿芝第一次高高地举起了胳膊,老师和全体同学的眼光都集中到她的身上,老师迟疑了一下,让她起立回答,她大声地答了出来——错了,可是老师、同学谁也没有笑话她……讲到这个细节,我眼前的阿芝低眉微笑,阿虎的眼睛却湿润了,赶忙把头别向一边……

两姐弟走了。想到他们说起,现在他们那里发生了很多好的变化,但是替课阿姊仍未绝迹,仍有新的文盲、半文盲出现,心里有些发堵。但是又想起阿芝说起,她和进城的农民工丈夫把自己的女儿送进了大学,如今不止她一个替课阿姊,发誓要让下一代女娃儿受好的教育……当阿虎说出一句"现在大学毕业工作不好找"时,阿芝望他的那个眼神,更深深地撞击着我的心扉,那眼神里意味太多,应是当年她作为替课阿姊,在课堂里高举胳膊的那种迎向命运的勇敢与自信的延伸吧……想到这些,我又心臆大畅。

精彩赏析

作者在故事开始设置了一个悬念:姐姐盼着弟弟生病、摔断腿,而弟弟也盼着自己生病、摔断腿。这是怎么回事呢?姐弟的想法使读者感到疑惑不解,想一探究竟。围绕这个悬念,作者向我们讲述了姐弟俩小时候非常心酸的求学经历,同时也体现了姐弟俩深厚的感情,令人感动。文中对姐姐的人物形象的塑造,赞扬了她敢于同命运作斗争的勇敢和自信。从姐弟俩的故事,引出了替课阿姊这样一个特殊的身份,表达了作者对贫困地区无法接受教育的女孩子们的惋惜和怜悯。作者在最后告诉我们阿芝把自己的女儿送进了大学,而阿虎却说大学生也不好找工作,以对比的手法,更加突出了阿芝对接受教育的渴望,对命运不公的反抗。

一道金光

● 心灵寄语

> 天下没有免费的午餐，想要不劳而获、一夜暴富是不切实际的，只有脚踏实地、辛勤劳作才是发财致富的正确道路。

那天傍晚他骑着电动车路过一处工地，正见有挖掘机将掘出的渣土往大卡车上倾倒，只觉有道金光一闪，不由得停下来观察。那卡车装满渣土覆上网罩开走了，挖掘机也离开回到工地深处。他发现那金光一闪的土团，被抛落在路边，便过去抱起，唔，分量不轻呢，忙将空的购物袋展开，把那土团塞进去，一径回到家中。

他家起居室里的多宝格架子上，搁着他近年来想方设法淘来的古陶古瓷，有的也曾拿到文物市场花咨询费让专家过眼，颇有几件估价不菲。但上个月他的远房大爷来到他家，见了多宝格上的东西却频频摇头，说全是假的；唯独他拿来给巴西木当托水盘的那件，大爷说虽然不是官窑烧的，那民窑的名声也不大，究竟是个乾隆朝的真东西，估价在三千元以上。他忙将那盘子小心地清除掉水垢，为之配了个木托，郑重地摆放在多宝格最中心的位置，客人问起，他便得意地介绍，扬言："给一万块也不卖。"

他把捡来的那道闪过金光的土团，仔细地加以观察，发现土中露出的指甲盖那么大的一部分，确实泛着黄色，用手指尖去摸，滑溜溜的。他试图用手和简单工具将周围的土层去掉,却发现那土块十分坚硬。小不忍乱大谋!想了想,他便将那土团抱到卫生间,搁到澡盆里,用花洒淋水,似乎已经淋透了,澡盆里已经是泥汤一片,那土团的核心部分仍然露不出来。他索性将澡盆放足了水,将那土团整个浸泡。

媳妇回到家中,进到卫生间不由尖叫一声。他忙过去解释,末了说:"这回说不定真捡了个大漏儿!"媳妇撇嘴:"我也爱财。只是你总想走捷径,暴发,我觉着不靠谱。这大土疙瘩里难道包着个金元宝?我才不信。"他嘴里跟媳妇对付着,眼睛只盯着澡盆里,澡盆里的水已经泄掉,泄水口被淤泥堵住,景象十分不堪,他却惊喜不已,因为他发现那土团里终于露出了更多的名堂:"呀!是个黄盒子吧?还露出字来了!"媳妇也跟着弯腰去看,两个人都看出来,是个"孚"字。他试着再去用手清理,还是不得劲,只好再用花洒淋。

他打电话给远房大爷:"原来真不知道,敢情您是懂文物收藏的。上回您来给我好一顿指点。那回要不是您梦里见着我仙去的老爸,打听到我的住处,还见不着呢。看在我把老爸一张老照片送给您的份儿上,您就再给我一些指点吧!"他就说淘到个东西,上头有个"孚"字,请教:古代有哪位王爷叫孚王?大爷想了想跟他说:"清代有个孚王,是道光皇帝的第九个儿子,咸丰皇帝的弟弟。如果是孚王府的东西,那么,时代就比你那个原来当巴西木托盘的更近了,还不到二百年。但是倘若是个精品,当然也值得重视。"挂掉电话,他先有点儿失落,道光时期,近了点儿,不过细想想,这东西跟林则徐同辈,似也不可轻视。会是孚王府特制的宝物匣吗?里面又会有什么呢?忽然想起京剧《锁麟囊》里的唱词:"有金珠和珍宝光华灿烂,红珊瑚碧翡翠样样俱全,还有那夜明珠粒粒成串,还有那赤金链、紫瑛簪、白玉环、双凤鏊、八宝钗钏,一个个宝孕光含……"又不禁喜形于色。媳妇开饭,是家常炸酱面,他自剥几瓣蒜,就着吃得好香,还侃侃而谈:"路过的那地方,俗称王爷坟,说不定就是那孚王的陵寝,虽说那坟早没了，坟里东西被盗过，但盗墓贼也许就偏没见到这有孚王府记号的宝匣，又也许是几个盗墓的分赃争斗，这个把那个宰了，又有官兵过来，慌乱中掉下了这个……咳，倒是个探险小说的好题材，赶明儿我先敲几段贴到网上！"媳妇说："美的你！要真是孚王坟里的，许是他福晋的陪葬品。只是那属于国家所有，咱们怎么能占为己有？"他撇嘴："别人怎知道我哪儿来的？论起来我家祖上也算得名宦，传下这么个东西也不为奇。"见媳妇跟他白眼，又说："就是上交，也该得些奖金是不是？反正是捞着了。"媳妇说："你快把卫生间拾掇出来吧。我要好好洗个澡。"先去卫生间方便一下。几分钟后，媳妇捂着嘴笑着出来，跟他报告："快去看你拿家来的那'一道金光'！果真非凡！"他忙跑进卫生间，弯腰一看，泥土悉尽松脱，那东西彻底露出了庐山真面目——是一个近年不知谁家废弃的玻璃罐子，上头有四个明显的字是：北京腐乳！

精彩赏析

本文以"一道金光"为题目，既醒目又形象，虚实结合，寓意深刻。"一道金光"既指放金光的那一堆土团，又指文中主人公对不劳而获的金钱的渴望，一语双关，非常巧妙。文中采用插叙的手法，向我们讲述了主人公捡到金光一闪的土团，到最后露出庐山真面目，故事情节跌宕起伏，内容丰富。文中讲述了主人公爱好收藏，为下文从土团中寻找宝贝的可笑行为做好了铺垫。写他的收藏都是赝品，暗示他此次的"金光"肯定也不是什么真宝贝。文中对主人公的语言、行为和心理活动的细致刻画，反映了主人公是一个不切实际，爱做发财梦的人。结尾处是故事的高潮部分，主人公寻宝失败，他心心念念的宝贝竟然是"北京腐乳"的玻璃罐子，这样的结局不禁令人捧腹大笑，同时也反映出主人公的善于幻想、滑稽可笑。

窗的随想

💮 心灵寄语

> 生活中随处可见的窗户，你可曾留意过它？你可曾细致地观察过它？请你在闲暇的时间关注一下它吧，因为也许在不久的将来，它就要消失不见了。

　　中国古典建筑的窗，要求窗框就是画框，看出去是一幅图画。杜甫除有"窗含西岭千秋雪"的名句外，还有若干"望窗外如赏画"的吟诵，如他在成都草堂"去郭轩楹敞，无村眺望奢"，于是窗框就框出了美景："澄江平少岸，幽树晚多花"。如果窗外望不到自然风景，那么，就人造景观，比如竖起太湖石，栽种芭蕉、梧桐、竹丛、鸡爪红枫……所面对的墙壁会让爬山虎点缀，甚至放养一只仙鹤。而且，中国古典建筑的窗户本身，也往往通过丰富多彩的窗棂样式，构成自身的装饰趣味，从室外望过去，也构成美丽的图像。中国古建筑厅堂轩榭的窗体窗棂一般都是木质的，窗棂的花样常见的有天圆地方、葵花蕉叶、水波冰纹、流云百蝠、岁寒三友……中国园林建筑的隔墙上往往还会设置出形态各异的装饰窗，或扇面，或石榴，或蝙蝠，或宝瓶，或仙桃，或云朵……这些小窗内部往往会以瓦片结构出优美的窗隔。北京一些保存完好的四合院，二进的垂花门旁的白墙上，也多有此种花窗；到近代，则会镶上玻璃，上面彩绘山水花卉。

窗的基本功能，是进光、透气。当然在更古的时候，窗洞也是烟囱。中国古典窗，往往为了追求审美效果，而牺牲掉进光量和透气性。西方的古典窗则非常重视进光、透气的功能，比如他们很早就有落地窗，窗户的下部直接与地板衔接，这在中国古典居室建筑中是几乎没有的。德国古典小说《茵梦湖》里写到蝴蝶窗，这种窗户很大，上部呈圆弧形，窗扇可充分推开以至与外墙面紧贴，这样从外面望过去，窗扇就如蝴蝶的两只翅膀。西方从古典窗始，就追求窗扇闭合时要十分严密，尽量做到隔音、隔气息以及一切窗外的信息。但中国古典窗不但不追求严密隔绝，相反，还追求窗里窗外的沟通，"今夜偏知春气暖，虫声新透绿窗纱"；对于从窗外渗进的地气与虫声，不但不反感，而是倍觉欣慰。最典型的例子是唐代诗人孟浩然，他有四句诗，"散发乘夕凉"，从外面回到家里，就把头发散开乘凉，"开轩卧闲敞"，把建筑物的窗户全都打开，躺到凉榻上，于是，他眼、耳、鼻、舌、身、心，全方位地享受窗户给予他的生命快乐：窗框如画框，窗外是图画，视觉享受自不消说。"荷风送香气，竹露滴清响"，有嗅觉、听觉享受，在那样一个暑日的傍晚，闻着荷花香，听到竹丛那些竹叶叶尖上凝聚的露滴不断地落到地面或荷池中，肯定满口生津，舌享受也有了，而卧在榻上的肢体肯定也就更加惬意；进一步，他就想弹琴，想知音，想跟朋友分享这美好的一切，心中诗意盎然，灵魂也就从至美升华到至善的境界。

中国窗的私密性差。以往的窗，木质窗棂上糊的是高丽纸，北京有俗语"捅破那层窗户纸"（意味着让真相大白），更有"听窗根""隔窗有耳"之说，那种窗户纸不但用手指头很容易捅破，用舌尖的唾液也能将其舔破。《红楼梦》第七十五回，写宁国府的女主子尤氏，带着丫头银蝶，从荣国府回到宁国府，去到其丈夫和一群狐朋狗友聚赌胡闹的屋子窗外，又偷听，又偷看，情节的合理性，就在于那个时代的中国即使是贵族府第，窗棂上多半还是糊着高丽纸，既难隔音，也难隔影。

西方的窗，则很早就重视维护隐私的功能。在玻璃大量使用以前，会以厚实的木材，甚至辅以铁皮，来制作窗扇，一旦窗扇关闭，室内就成为一个与窗外完全隔绝的私密空间。莎士比亚悲剧《罗密欧与朱丽叶》第五幕，场景是朱丽叶的卧室，两个恋人在那里幽会，但是时间匆匆流逝，很快到了天亮时分，朱丽叶母亲随时会来到这个地方，没办法，罗密欧必须离开，这时候就有一句台词由朱丽叶道出："那么窗啊，让白昼进来，让生命出去！"窗，对于他们来说是一道闸门，将隐私空间与公众共享空间严格地划分开，但是白昼来临，罗密欧必须通过窗户、阳台逃走，因此朱丽叶对窗充满哀怨——它竟不能让他们永享私密的爱情。

东西方传统窗文化的差异，并无对错优劣高低妍媸之分，人们到处生活，各处的人们纷纷创造出既有人类共通性又具民族特殊性的窗。现在值得讨论的，是随着全球一体化的进程，新型建筑材料的推广，建筑技术的不断发展，首先在城市里，出现越来越多的无窗建筑，特别是大型公共建筑，尤其是摩天楼，它会有透明墙面，外望或许有窗的意味，但是没有了可以开启关合的窗扇，也就不能称窗。以北京为例，国家大剧院、水立方、中央电视台新楼，以及号称全球最大单体建筑的天竺机场T3航站楼，都无窗；环路上不计其数的新楼，也大多无窗。这种趋势也已经影响到某些高档公寓楼，据说是"智能建筑"，已经根本用不着窗户来提供照明、换气等功能，通过其本身的能源系统，能全天候地保持光亮、通风以及恒温、恒湿。人类的建筑，是否正在走向"窗灭绝"？

今年年初，国际上有"建筑界诺贝尔奖"的普利兹克奖，颁给了中国建筑师王澍，他的那些作品，还大量地有窗，既有中国古典窗的元素，也有西方古典窗的元素，更从中国乡村农舍窗中汲取了营养，形成了一些可资研究的新型窗。

无论如何，这个世界，人们不能只是跟Windows（视窗）打交道，从居室之窗，到心灵之窗，孟浩然那样的窗享受，应该具有永恒的意义。

精彩赏析

本文开篇向我们介绍了中国古典建筑的窗户，内容细致，颇具美感。接着介绍了窗户的功能，中国古代人们非常享受窗户的透光和进气的功能。关于窗户的隐秘性，作者采用对比的手法，将中国和西方的窗户进行了对比，内容丰富，论证性强，并表达了没有谁好谁坏的观点。文中引用大量古典诗词、戏剧作品、中外小说，充分论证了作者的观点，增强了文学气息，丰富了文章的内容，可以引发读者的兴趣。文中的最后一段话点名了文章的主旨：随着现代科学技术的发展，人们的交往方式发生了变化，我们不能只是在虚拟的世界进行交流，而应该更多地面对面寻求思想的碰撞。

▶预测演练五

1. 阅读《携鸡童子》,回答以下问题。(9分)

(1)当地农村婚嫁习俗已融入诸多现代化因素,为什么携鸡童子的设置却历经千年而始终存在?(3分)

_____

_____

(2)文章第三段为什么插入导演的话?(3分)

_____

_____

(3)你认为少年为什么下决心当携鸡童子?(3分)

_____

_____

2. 阅读《替课阿姊》,回答以下问题。(12分)

(1)文章在叙述时,是通过什么方法激发读者兴趣的?(3分)

_____

_____

(2)联系上下文,试分析"她用手摸那坑凹不齐的课桌桌面,心里仿佛揣了块热糕,老师讲的她一点儿也听不懂,可是她努力地含着眼泪听呀听……"(3分)

_____

_____

（3）文章结尾部分表现了作者什么样的复杂心情？请用一句话概括本文的主题思想。（3分）

_____

_____

_____

（4）姐姐希望弟弟生病或摔断腿，弟弟也希望自己如此，其中的原因是什么？这表现了姐弟俩之间怎样的感情？（3分）

_____

_____

_____

3. 写作训练。（60分）

在我们的社会生活中有很多的社会风俗和行为习俗，这些风俗和习俗已经成为我们自觉或不自觉遵守的行为准则。如春节吃饺子、重阳节去登高、清明节祭祖等。你知道的传统习俗有哪些呢？

请以"传统习俗"为话题，写一篇文章。

要求：标题自拟，角度任选，主题突出，不少于800字。

叉车叔

🌸 **心灵寄语**

> 父亲如山,呵护我们万般周全;父爱如灯,照亮我们前行的道路;父爱如海,包容我们所有的错误。

  如今脱贫的农村,乡里男人见面打招呼,不再是"吃了吗?",而是"喝了吗"。在胶东靠近青岛的地方,这个问候的发音是:"哈了没?"

  那个村里,有个男子,人们都叫他叉车叔,对面来的人问:"哈了没?"他含笑点头:"哈了哈了。"问的人跟他擦肩而过后,多半会捂嘴暗笑:"他那么个嘎咕人,真哈了吗?"有的会扭头朝他背影故意追问:"哈了几瓶呀?下蛤蜊哈的吗?"他当然不再理会。"嘎咕"在当地方言里等同于吝啬。人家没诬蔑他。叉车叔和他媳妇,在村里从来不"随份子",是"嘎咕"得出了名的。

  叉车叔在镇子里的水果大库开叉车。其实,叉车叔小年轻的时候,心气很旺的,也曾随离乡赴城打工大潮,闯荡过不少地方;他的人生追求,一步步都是很具体的,也几乎都一一加以了实现。最早,看见小老板腰上别着"蛐蛐机",就是现在已经绝迹的那种传呼机,有人想跟你通电话,就会发出蛐蛐般的鸣叫声,显示出对方电话号码，你就可以找个公用电话，给对方打过去。自己没当成小老板，但成了工友里头一个置备了"蛐蛐机"的人。后来出现了手机，第一代手机比大号香蕉还粗，傻黑傻黑，羡慕死了，于是他又从牙缝里省下钱，攒起来，终于到手机只不过扑克牌盒那么大，而且售价也不那么吓人的时候，买到了一部。跟现在的媳妇搞对象，第一回见面，就握着那个手机。媳妇搞定了，就攒钱盖房；因为见识过城里的抽水马桶，盖起的小院里，一角的卫生间就装了抽水马桶；外面投资建了化粪池，每年请两次抽粪车。之后儿子落生了，两口子决心把他培养成大学生。头些年他外出打工，媳妇在家从鞋厂领来半成品，给鞋编花，每编一只挣两毛钱，每天埋头编一两百双鞋，能挣下三十来块钱，家里母子的嚼用足够了。他挣的钱，自己只花费很小的部分，其余的全用来投资孩子的教育。从五年级起，给孩子上最好的寄宿学校，中学到市里上的重点学校。孩子终于考上了外省省会的一所很不错的大学。但就在那一年，媳妇因为常年在炕上埋头编花，颈椎病严重了，再难挣得日常开支，他在外地打工的那家企业转型失策，亏损严重，于是，一为回家照顾媳妇，二为有份相对稳定的工作，就回老家。用积攒的钱买了辆二手摩托车，在镇上水果冷库当上叉车工，每天骑摩托上下班。有时，人们会看到，他骑摩托，媳妇在后座上搂着他腰，那一定是到城里的大医院给她媳妇治那颈椎病。

儿子假期回家，常眼睛望着妈，道歉似的说："申请奖学金，通不过。也是，家里比我困难的好多。"他眼睛也不看儿子，不等媳妇开言，先说："你就别申请了。往你卡上划的款，只会添，不会减。"

儿子还剩一学期就要毕业了，也就开始找工作，假期没有回家，但是快递一个大包裹来，也同步打来手机，打到妈妈那个旧手机上，

\ 试卷上的作家

说从今以后就不要再往他的银行卡上续钱了，那卡上今后由他自己续钱，工作的事情有眉目了，面试情况很好，现在只等以后来通知。目前每天晚上到一家咖啡馆打工，已经能挣钱了，递的包裹里的东西，就是用第一笔工资买的，充气颈椎提升器是给妈的，鸭绒裤是给爸的。那天叉车叔回到家，媳妇先以为儿子也跟他通过电话，他说没接着，媳妇也没觉着诧异，他见到那鸭绒裤，抚摸着，就觉得儿子其实也跟他通了话了。

叉车叔在水果冷库里操作，活计并不太累，难耐的是库内库外的温度差。库里始终保持着零下五度左右，在里面需要穿棉裤、裹棉大衣。棉大衣库方提供，棉裤则需自备，他一直穿着条笨重的廉价棉裤，现在儿子递来轻薄但比棉裤更保暖的鸭绒裤，他试穿后，微笑、脱下、叠起，媳妇看不下去，嗔他："都说俺俩是一对嘎咕，我看你才真嘎咕，咋的？明天去库，还要穿那旧棉裤？"他这才决定以后穿那鸭绒裤。

儿子工作落实，签下很不错的合同，回家来探望。那晚，媳妇睡西屋那铺炕，他和儿子睡东屋那铺炕。打上小学起，除了冬天三口挤在一张暖炕上睡，其余三季都是儿子跟他这么睡。关灯后，父子俩都失眠。叉车叔忽然问儿子："你还记得那晚上，你埋怨我的话吗？"儿子反问："哪晚上？什么话？"他叹口气说："十几年前了，那晚墨黑，我本该拉四回灯绳，可是，只拉了两回。"那晚，儿子才十岁，他们睡一铺炕，忽然有蚊子在他耳边叫，他拉开灯绳，找那蚊子，很快找到，一合掌打死，赶快拉灭了灯。后来，儿子唤他："爸，我要尿尿。"他们的厕所，在院子西南角，屋子和院子黑黢黢，儿子害怕，他却冷冷地说："你就尿去吧。"儿子磕磕绊绊地摸黑尿完尿，回到炕上，埋怨他说："你打蚊子舍得开灯，你儿子上厕所你舍不得开灯！"

叉车叔等候儿子回答,儿子迟疑了一阵,轻声回答说:"爸,我偏还记得。"那晚月亮很圆、很亮、很大,月光照进窗内,炕上仰睡的父子,眼里都微微闪着泪光。

精彩赏析

文章以一句"哈了没",引出了"嘎咕人"叉车叔,设下了一个悬念:叉车叔到底是如何"嘎咕"?引发读者的猜想。文章采取顺叙的手法,向我们讲述了叉车叔从年轻到结婚生子之后的生活状况和人物为人处世的方式,使我们对叉车叔有了深刻的了解。文中从行为、语言等方面对叉车叔进行了细致的描写,突出了叉车叔的人物特点:心气旺盛,积极追求想要的事物;紧跟时代步伐,与时俱进;对儿子和妻子的爱深沉而大方;工作勤勤恳恳,生活非常节俭。文中对妻子和儿子的描写,起到了烘托叉车叔的作用,叉车叔为妻子治病并不吝啬,表明他深爱自己的妻子。让儿子上好学校,不让儿子为学费发愁,儿子找到工作,并开始回报父亲,从侧面反映出叉车叔教子有方。

果袋婶

● 心灵寄语

> 在大部分的农村妇女身上，永远闪现着一种不屈不挠、勤劳向上的精神。她们凭借着这种精神，孕育和影响了一代又一代的年轻人。

乡里人都叫她果袋婶。

他们那地方盛产苹果，也产樱桃。樱桃熟了，就该给成千上万的苹果树上挂的青果套袋子了。那是一种内面抹有药粉的纸袋，开口处包有极细的铁丝，套住果子后，用手指将铁丝捏合包紧，别的套袋人一天下来最多套两三千个果子，她却能套五千来个。果子在树上有高有低，需要搬着一架人字梯移动操作，脚下先要快，先登到高处，再挪至半高，再下梯来平地套袋；那些备用的同样规格的纸袋，装在一个布包里面，挂在脖子上，她在几乎不间歇的套袋作业中，不会因移动不慎而碰落任何一个青果。一整天的套袋劳作，也就午间略微休息一下，坐在果园边的土埂上，吃带来的麻酱花卷，喝些白开水。每套一个袋，挣五分钱，夕阳西下，她会领到二百多块工钱。到苹果长大了，又要一个个地给果子卸下纸袋，刚卸了果袋的苹果青黄色，需要经过一段时间日晒，才能变红。卸果袋她也是能手，一天下来计件工资差不多也是那么多。

果袋婶自家并没有果园。老公是木匠，到大城市里跟着工头搞装修。儿子上小学四年级了，语文好，算术学不动。那天晚上，儿子看电视上播出一部老电影《我们村里的年轻人》，那是语文老师让看的，看完要求写观后感。电影里有首主题歌，头一句就是"樱桃好吃树难栽"，儿子打算就从那句歌词起笔，她偏过头看见那句子，就说："写错啦！樱桃树有什么难栽的？该是'樱桃好吃熟难摘'！"他们乡里，这几年新栽的樱桃树很多，确实，成活率很高，有的樱桃树在他们那里能长到五六米高，挂果期，满树圆珠子，红的透紫放光，黄的晶莹蜡亮。儿子跟着娘摘过樱桃，樱桃熟了，容易脱把儿，摘的时候，要万分小心，满头大汗一大晌，搁樱桃的篮子里也才刚满底儿，可不是"樱桃好吃熟难摘"吗？但是，人家电影里唱的，字幕上打的，听得看得真真的，就是"樱桃好吃树难栽"嘛，这作文可怎么写啊？母子俩抬一阵杠，最后果袋婶败下阵来："就听他们文化人的吧！我没闲工夫置那个气！"

如今乡里，几乎人人有手机，果袋婶跟他老公时不时手机沟通不消说了；前些日子，老公回来一趟，把老旧的手机给了儿子，自己换了个新手机；说好不许儿子把手机带学校里去，儿子还是忍不住带去显摆，结果上课时候被老师发现，给没收了。儿子回家来不敢隐瞒，果袋婶听了往他屁股上抡了几炕笤帚。忽然学校老师给果袋婶手机来了电话，说是没收他儿子手机只是代管一时，要求以后上学别再带手机了。同时告诉她："婶子，咱叔手机换号码了吧？镇上冷库给你打手机你关机，打到这个旧手机上，让转告你，约你去套苹果哩！"果袋婶就说："哇呀，刚才是充电哩！咋谢你好啊，没得你转的信儿，这趟活计不就瞎啦！"老师就在那边笑："人家说了，愿意包袋的人手有的是，可就愿意找你果袋婶嘛，干活麻利爽脆，质量有保障嘛！"

　　当地苹果熟了，摘下来存到冷库，有人来要货，就需要临时工来给出库的苹果套上塑料网袋。这些网袋在售卖终端很不受顾客待见，挑选时一定会捋下观察全果色态，上秤时更怕网袋占了分量。那些顾客哪里知道，出库装箱拿去批发零售的苹果身上所套的塑料网袋，正是果袋婶那样的农村留守者辛苦劳作，才得以套住果身起到保护作用的呀！果袋婶一旦坐到冷库外面的彩钢玻璃棚下，她一手取网套，一手取苹果，麻利地套放，就如同一架不会发生故障的机器，唰唰唰唰，除了午间短暂休息，十个小时的连续劳动，她能套出五千个苹果！

　　那种塑料网套，生产出来原是连着的，一卷五百米，售价十元，一米可套十个直径十厘米的苹果。那么，一个苹果上的塑料网套，合多少钱呢？果袋婶把这道算术题出给儿子，但是，更重要的是下一道题：她一天下来，可以套出五千个苹果，人家每套一个，给她两分钱，那么，她能挣到多少钱？

　　儿子报出了令她自豪的答案。她奖给儿子一个苹果。那是头年被鸟儿啄过的，在取下套子让果实晒出红颜色的过程里，一种当地人叫作鸦鸠的鸟儿会来捣乱。有了啄孔的苹果，果园主人会留下自食，也会拿些给果袋婶这样的帮工作为奖品。果袋婶会把这些苹果妥善保存，自己舍不得吃，奖给儿子。见儿子啃着很满足的样子，就又说那句儿子听腻了话："鸦鸠啄过的果子特别甜！"

　　第二天一早果袋婶就去冷库套苹果了。前些时候老公回来，给她带来一些创可贴和医用胶布，长期地套果袋，她十指最上截的皮肤都磨坏了。她轻易舍不得用创可贴，她扯断些胶布裹住手指，她又将用自己的双手十指，挣来问心无愧的工钱。

精彩赏析

　　文章以"果袋婶"为题目，介绍果袋婶名字的由来，同时也突出了主人公勤劳能干的特点。文中采用对比的修辞手法，描述了果袋婶在给苹果套袋子的时候比其他人工作速度快，突出了她的技巧娴熟。写果袋婶和儿子探讨作文的题目，突出了果袋婶的率真。通过对果袋婶和老师的对话描写，可以看出果袋婶的知名度很高，受到老板的欢迎。果袋婶让儿子计算她工作中的数学题，是为了让儿子数学得到进步，因为前文中提到了儿子的数学学不动。而对自己工钱的计算，突出了底层劳动人民的不容易。果袋婶奖励给儿子被鸟啄过的苹果，自己舍不得吃，老公给他买的创可贴她也不舍得用，表明果袋婶是一个勤俭节约，生活俭朴的人。

夜香花园

🌸 心灵寄语

> 在人生的道路上,我们都在矢志不渝地追求幸福,可是幸福是什么呢?幸福是自己内心的富足;是一种豁然的心态;是一种由此及彼的善意。

楼盘一隅,沿着院墙,出现了一长溜花园,花丛中所设的小径弯曲有致。入夏后,墙上的攀缘植物,地上的高矮花木,轮番开出形态、色彩各异的花朵;更令人惊喜的是,香气氤氲,沁人心脾。住户们都称赞物业花工荀师傅。

楼盘里居住的人们,晚饭后会到庭院绿地散步,到这里去放松一时的渐渐多起来。楼盘别的区域,花草树木的配置,与其他楼盘雷同,但这片花园,在品种选择上,侧重的是从傍晚到夜里陆续开放,而且大多散发出迷人香气的灌木和草花。紫茉莉又名洗澡花,当人们在家里淋浴的时候,它们就灿烂开放了。往墙上攀的,有月见草,也叫待宵花,顾名思义,应该是当月光初现时纷纷开放,一直开到黎明来临。还有夜来香、剪秋罗、花烟草、夜丁香、夜光花、忘忧草、麦瓶草、玉簪花、丝兰、曼陀罗……

这里面许多品种,种活护养都比较麻烦;特别是,要想让花香起来，无机肥难以催出那么浓酽持久的香味，需得施用有机肥料；说穿了，就是需要经过处理的粪肥，而粪肥又会散发出不雅的气味。"辩证关系啊，肥不臭花难香"，一位大学副教授边散步边议论。于是旁边的人们不禁抖动鼻翼，只有花香啊，可见荀师傅确实是优秀的花把式，他从哪里弄来有机肥，又如何稀释处理得恰到好处，让人们完全不受到不雅气息的困扰？

有位女士，即使在炎热的夏日，也总穿着宽松的长襟外衣在庭院里活动，傍晚，也会到那香径中散步。她会和荀师傅站在一起，柔声细语地说话。没什么人特别注意她，只是有回有个大婶望见了跟他老公说："这位大妈怕比我还大几岁吧？眉眼还那么清秀，可身子怎么跟怀胎七八个月似的？"那老公就说："文明人不议论人家体形。"那大婶也就笑笑算了。

那位女士是个退休的工程师，丧偶后没有再找伴儿。她的女儿女婿对她都很孝顺。女儿女婿带着外孙子住别处。她独居。她是个非常旷达的人。前年查出结肠癌，及时做了切除手术。切除后，给她安装了人工排泄系统。本来，医生要求她在体力恢复后，再把肠子给她接上，她却谢绝了，决心就那么带着人工排泄系统生存。女儿女婿都劝她听医嘱，她心平气和地说："我是深思熟虑过的。我不要二次手术，更不要化疗、放疗。请你们尊重我自主选择的生存方式。你们只要能招之即来，给我送必要的生活用品，陪我去医院复查并更换这套系统，逢年过节来跟我一起享受天伦之乐，我就很满意了。其他亲友们，第一轮关怀慰问一律深谢，但此后我轻易不会接听电话，更不会参加聚会。我会很愉快地打发属于自己的日子。"她确实每天都活得很愉快。把以前来不及细读的书，没听够的音乐，看不腻的老电影光盘，穿插着一一欣赏。她很快能麻利地处理自己身体的问题，自我保洁，怡然自得。她就发现，自己那人工排泄系统接收的排泄物，会有一种有别于直肠粪便的气息，虽然也不雅，但作为有机肥料，十分有利于花卉的培植，她将其施加在自己阳台的盆栽植物，叶茂花艳。于是，她在庭院散步时，就向荀师傅提出，栽种营造出夜香花园的建议，所需的有机肥料，完全由她提供，但对于她的参与，必须保密。

月光如水，曲径芬芳，一个腰部显得臃肿的女士，在晚香玉花丛前伫立，深呼吸着。珍惜光阴，余生有香。

精彩赏析

文章采用倒叙的写作手法，先讲述了楼盘里有一处小花园，里面的花儿芳香四溢，引人驻足。然后讲述了这么香的花应该是在有机肥的滋养下盛开的，但是有机肥气味不雅，这时作者设下了一个悬念：如何把有机肥稀释处理得恰到好处，让人们完全不受到不雅气息的困扰？引出了下面退休工程师的故事：作者采用第三者视角，对这位退休工程师的外貌和行为进行了描写，表明她不在乎别人异样的眼光，坚持自己的主见。从这位工程师的话语中可以看出，她是一个乐观的、积极向上的人，对生活充满热爱，不受世俗的束缚，勇于追求自己想要的生活。"珍惜光阴，余生有香"，是对这位工程师品行的概述，也是文章的主旨所在。

远去的风琴声

💠 心灵寄语

> 父母生养了我们,老师则教会我们知识和道理,因此老师可以说是我们的再生父母。"春蚕到死丝方尽,蜡炬成灰泪始干",老师的默默无闻和无私奉献值得我们永远尊敬和感恩。

1950年冬,我随父母从四川迁来北京,插班上学成为一个问题。住家附近的公立学校插不进去,只好先上私立小学;先上的那所私立小学就在我住的胡同里,但是它因陋就简,竟然连风琴也没有。我上学的事情由母亲操办,她经过一番努力,终于把我送进了公立的隆福寺小学。那小学离我家稍远,母亲带我去报到那天,刚进校门,就听见音乐教室里传出风琴的声音。母亲颔首微笑,她认为风琴伴着童声齐唱的地方,才是正经的小学校。

这里所说的风琴,不是手风琴、口琴,当然更不是管风琴,而是指那种立式的踩踏板用手指按琴键发出音响的管簧乐器。它外形跟钢琴很相似,但钢琴是键盘乐器,虽然也有小踏板,弹奏时是要用手指敲击琴键,发声原理不同,乐感也不同。

那时候学生还不称教课的为老师,而是称先生。有天放学我就随口说起:"'小嘴先生'教我们唱《二月里来》啦!"我觉得那首歌很好听:"二月里来好风光,家家户户种田忙,只盼着今年收成好,多打些五谷交公粮……"我在城市里长大,想象不出"种田忙"是什么景象,更不懂什么是"交公粮",正想跟妈妈问个明白。妈妈却先批评我:"不许给先生取外号!"我就辩解:"又不是我给取的!同学们背地里都这么叫她,她嘴巴就是特别小嘛!"妈妈说:"我记得她姓因,你就该当面背地都叫她因先生!"我就笑了:"咦吔!妈妈,你也咬不准人家那个姓啊!她姓英,不姓因!"我们四川人,分不清韵母 in 和 ing,一般都只发 in 的音;另外,也分不清声母 l 和 n,一般只发 l 的音。母亲虽然早年在北京生活过,但毕竟母语是四川话,我们全家到北京以后在家里也是讲四川话,这就使得我们的普通话虽然都讲得不错,但一遇到有这两个韵母和声母的字眼,还是难免露怯。

"小嘴先生",现在回忆起来,是一个美丽的女子,她的嘴是名副其实的樱桃小口,有趣的是她偏会唱歌,唱的时候小嘴张得圆圆的,声音非常嘹亮。她总是踏着踏板按着风琴教我们唱歌,时时扭过头来望望我们,这时我就特别注意到,她那张小嘴真的很厉害,发出的声音往往会压倒全班同学的合唱。

她有时候会让某个学生站起来独唱,不一定是把整首歌唱全,多半会让你唱几个音节,通过纠正你的唱法,来教会大家把歌唱好。上到六年级的时候,有次她就点我的名,让我唱《快乐的节日》。那首歌第一句是"小鸟在前面带路,风啊吹着我们"。我站起来,闭紧嘴,就是不唱。"小嘴先生"就问:"你为什么不唱啊?"我说:"要唱我就唱《我们的田野》。""小嘴先生"更惊讶:"那又为什么呢?"有个同学就故意学舌:"小了在前面带路!"他就知道我发不好"鸟"的音。"小嘴先生"明白了,微笑地看着我,对我说:"不要慌。不要怕。要敢张口。要敢咬字。对了,老早我就教过你,叫我英先生,不要叫我因先生,跟着我说:(她吐字用力而且很慢)因为,英雄,印刷,影子……这次,再跟我说:小鸟,了解,列宁,树林……"我心里抗拒,咬嘴唇,一些同学看"小嘴先生"很尴尬,忍不住笑了,"小嘴先生"却一点不生我的气,对我说:"好的,刘心武同学,欢迎你唱《我们的田野》!"《我们的田野》那首歌的歌词是:"我们的田野,美丽的田野,碧绿的河水,流过无边的稻田,无边的稻田,好像起伏的海面……"直到后面才有一句里出现"雄鹰",绝少 in、ing 的困扰,我就唱得格外舒畅,唱到第三句后,"小嘴老师"就去按风琴伴奏,后来又示意同学们一起合唱,唱完了,她对大家说:"今天刘心武唱得真好,我们都为他鼓掌吧!"同学们就鼓起掌来,有几个男生还故意在大家的掌声结束后,再拍响几声。《我们的田野》成为那时段我最喜欢的歌曲。

1984 年,那时我已经成为一个作家,应邀到当时的联邦德国访问,我带去了根据自己同名小说改编拍摄的电影《如意》的录影带。我所参加的那个活动允许我另带一部中国电影放映给大家看,我毫不犹豫地从电影局借出了谢飞导演的《我们的田野》,那是部表现中国"知青"命运的电影,以我们童年时代熟悉的歌曲《我们的田野》的旋律贯穿始终。我所带去的两部电影录影带投影放映时,观众不多,但映后反响都不俗。就在放映《我们的田野》过程里,我忽然忆起了忘记很久的"小嘴先生",耳边响起她循循善诱的声音——"跟着我说:因为,英雄,印刷,影子……再跟我说:小鸟,了解,列宁,树林……"在异国他乡,那幻听勾起我浓酽的乡愁。

直到 20 世纪 80 年代,小学校象征之一,仍是风琴伴奏下童声齐唱的音韵。1985 年我回四川,在一个翠竹掩映的山村留宿了一夜,那个村落在丘陵最高处,村屋大多以石头作础、竹墙糊泥刷粉、茅

\ 试卷上的作家

草作顶,室内就是泥土地面,床边桌下会拱出竹笋,看上去很美,但城里人多住几日就会感到不舒服。我是借住在乡村小学的那排房子里,跟一位什么都教的山村教师同室而眠。那一夜我睡不踏实,是因为不适应,他却为什么也辗转反侧、失眠许久呢?原来,第二天,会有一架风琴运到学校来;而他,兴奋之余,却又惶恐,因为他一直都是吹口琴教学生唱歌,并不会按风琴。他曾来回走一百多里去县城,在那里的新华书店里,买到一本教授风琴演奏法的书,书已经几乎被他翻烂,但毕竟还要在实物上实践,才能真的演奏成功啊!那天午前,山下一阵"嘿咋嘿咋"的号子声,我停下水彩写生,忙去观察,只见那老师和队里的几位壮汉,正把用麻袋片裹妥的一架风琴,顺着弯成几折的石梯坎,往上面小学校抬来;那矮黑精壮的老师,满头满身全被汗水打湿,但是一双眼睛里,抑制不住快乐的光芒。不仅是孩子,凡当时在村里的男女,全都迎上去,那架风琴的到来,形成了山村的一次节日!第二天早晨,我随小学校师生,以及围观的村民,在那老师的风琴奏起的国歌旋律中,看学生干部将一面国旗,升起在毛竹制成的旗杆上。那老师的演奏还不怎么达标,但其声响却十分庄严。下午我离开的时候,教室里传来老师按着风琴带领学生齐唱《大海啊故乡》,节奏不那么准确,每一句师生耐心地唱过重来,当我走出很远,还能听见他们那质朴的歌声。

1987年,那时候还没有出道的杨阳来找我,说要把我的一个短篇小说《非重点》改编拍摄成电视剧。那年头,单本电视剧是常规的存在,像我的长篇小说《钟鼓楼》改编拍摄成八集的连续剧,就认为是很长的篇幅了。《非重点》的故事讲的是一位家长千辛万苦把自己的儿子转到了重点学校,结果却发现那非重点学校的班主任老师非常优秀,儿子跟那老师难舍难分令他惊诧之余内心震动。杨阳那时候在我眼中还是个小姑娘,她的处女作杀青以后请领导审查,坐在后排的她不禁有些紧张，她后来告诉我，当播放到四分之三时，她发现审查者摘下眼镜，掏出手帕揩眼角，于是她心里一块石头落了地。那以后杨阳的作品接踵推出，斩获许多奖项，现在已经是资深的影视名导了。上个月我们约着见面，聊起来，我就说现在还记得她在那剧里有一段，是老师踏着风琴引领孩子们唱歌；她说正是在那个节点上，当年的审片者眼睛潮湿，她是刻意用风琴伴奏的稚气童声来烘托师德之美。但是杨阳告诉我，现在如果剧里要出现那样的风琴，得让剧务去找专门的道具公司租借了，那种公司出租几乎一切当下已经淘汰掉的旧日物品，包括第一代电视机，第一批被称作"大哥大"的手机，第一拨台式电脑……是呀，现在小学校的音乐教室里，钢琴已经取代风琴多年了。

  我从2005年到2010年，应邀到央视《百家讲坛》录制播出了《刘心武揭秘〈红楼梦〉》系列讲座共六十一集，到现在其视频和音频不仅可以方便地从电脑上获得，也可以通过手机收看收听，影响还是蛮大的，坦率地说，还是挺有成就感的，但是，就在前些天，我在微博上看到这样一条反应："听刘老说，绛珠仙草追随神瑛侍者下凡，只修得一个驴体，哇塞，吓了我一跳！"想说的是"女体"却让人听成"驴体"，什么发音啊，见此条微博立即脸热。其实我在讲座里，in、ing不分，l、n不分的地方还有不少，但以此处的错音最为搞笑！蓦地就忆起了英先生，她当年是何等苦口婆心地教诲我啊，我现在能以"毕竟乡音最难改"为自己辩护吗？英先生如果健在，该往百岁去了，岁月会流逝，生命会衰老，立式风琴会式微，远去的风琴声难以复制，但那以真善美熏陶人心灵的师德，却是永恒的光亮。

\ 试卷上的作家

精彩赏析

全文以学校的"风琴"和我小时候的四川口音"l、n不分"为主线,串联起了整个文章的故事。"在妈妈的一手操办下,我进入了隆福寺小学,那里有风琴伴着孩子的歌唱声,妈妈认为这才是正经小学。"这突出了那个时代风琴对学校的重要性。在学校里,教孩子们唱歌的英老师,并没有嘲笑我的发音不准,而是耐心指导我,给予我足够的关爱和尊重,使小小年纪的我非常感动,记忆深刻,并成为温暖我一生的人。在四川的一个山村里,我看到学校的老师和孩子们对风琴的喜爱,表露出了他们对美好明天的向往。杨阳把《非重点》拍成电视剧,其中老师踏着风琴引领孩子们唱歌的美好画面成就了她,说明最真实、最贴近生活的故事最能打动人心。"钢琴已经取代风琴多年了"表达了作者对风琴的不舍和惋惜。"但那以真善美熏陶人心灵的师德,却是永恒的光亮"点明了全文的中心思想。

蹬 布

🌸 心灵寄语

> 父母是孩子头上的一片天，默默承受着无法言表的生活之苦，为孩子们遮风挡雨，这就是父母的爱，是无私的，不求任何回报的。

那天放学进家，响莲先是高兴，后是惊讶。高兴的是爸爸难得在家，惊讶的是爸爸脖子上吊着绷带托着左胳膊。

响莲的爸爸是开长途大货车的。她去摸爸爸受伤的胳膊，爸爸只是说："对方负全责。"妈妈那天特意炖了猪蹄，晚饭吃得很香。

因为爸爸意外工伤，响莲那天没有挨着枕头就入睡。她听见爸爸妈妈在低声商量事儿。妈妈说："陈老板催几次了。欠人家两个月车钱了。这下更艰难了。"爸爸说："再艰难，也得保证响莲。"

在这个城乡接合部的居民区里，尽管家长们的经济状况相差很多，但对孩子们，供应几乎是相同的。响莲上的也是城里一所挺有名的学校。那天老师宣布，今后有的作业要在电脑上完成，问："谁家有电脑？"全班同学齐刷刷举起了手。响莲举手的时候，庆幸自己并不落后，妈妈在加油站小超市打工，用攒了三四个月的工钱，给她置备下一台电脑，安装了宽带，预交了费用。妈妈说，加油站

\ 试卷上的作家

老板娘早给她闺女置下电脑了,那闺女比响莲小一岁,才上四年级。妈妈问响莲:"老板娘说的未雨绸缪,什么意思?"响莲说老师还没教,妈妈就说,家长们都知道,一上五年级,有的功课就得在电脑上完成,学会了从电脑上搜索,未雨绸缪不等老师教,一搜就懂。他们家住的地方,离响莲上的那学校挺远,若坐公交车去,车站离家还有一里多路,要坐六站才能到,家长们几乎没有让孩子乘公交车去的,若自己家没有私车,就跟别的家拼车,不让孩子受苦倒还其次,关键是要保证安全。响莲就跟另外四个孩子,同乘一辆小轿车来回。车主是个搞装修的包工头,也住那片,他为了多挣点钱,就揽了接送孩子的活计,四个男孩坐后座,响莲坐副驾驶座,后头四个男孩每月四百元,响莲是四百五十元,妈妈跟车主陈老板还过价,说后头安全副驾驶座危险,为什么反倒贵?陈老板就说我会敦促响莲系好安全带,我这车算中档了,车况一直好,我开车赢了个谨慎的美名,你闺女坐前头宽敞不是?响莲乘小轿车上下学、穿的、用的,跟那些富人家的孩子,看不出有什么明显的区别。

但是,前两个月,妈妈被小超市辞退了。爸爸晚上回到家,妈妈总叨唠,说那小超市老板娘不地道。爸爸淡淡地劝:"如今到她那加油的车少了。她也有难处。你就再找份别的工吧。"妈妈找来找去,不是没空位,就是时间不合适,这就更觉得失去的那份工可惜,每天4点半下班,回家正好接应响莲;而且,还可以平价甚至大折扣从那超市买袋奶、方便面什么的。本来妈妈那份工资除了日常嚼用,足可应付响莲每月的拼车费、午餐费,现在可就困难了。爸爸再出事故,虽说是对方负全责,医药费不愁,但只剩基本工资,困难就变成艰难了。

第二天响莲起床后,不见爸爸,以为是去医院换药去了,就一边吃早点,一边跟妈妈说:"今天我不搭小车了,我去坐公交。"

妈妈大声回应："你老老实实坐上去，系好安全带！安全第一，懂吗？"她懂，还不仅仅是安全，爸爸妈妈一定要她保持一种和别的同学平齐的状态。陈老板的车在她家门外按喇叭，妈妈和她一起出去，妈妈对陈老板说："响莲她爸一早就蹬布去了，人家同意先预支他一千五百块，明天我就连这个月总共一千三百五十块给你。"陈老板说："其实再欠着我也不能舍下响莲，你也知道，眼下我的活也少了，跟你开口，我也挺不好意思的。"

车子往城里开，路上，马路边，有排专卖建材的商店。有家店，最近专营再生布，再生布就是用回收的废旧衣服等纺织品，捣烂了再热压成型。那家店从厂里进大批的货，一卷一卷的，宽度从二米到八米，长度从十米到二十米，那些搞大棚养殖的，棚顶上要苫这种东西；他们的大棚往往长达一百米，那就需要把成卷的再生布先在地面上铺展开，再根据买家的需要，将其用手提缝纫机缝合成指定的长度；缝完了，再整体卷起，装车运走。在操作过程中，有个环节，就是蹬布。那家商店为了节约成本，缝合再生布那道工序，都是老板和他儿子自己操作，很辛苦的，需要弯腰，那手提缝纫机很重，宽度八米的布缝合下来，累得大喘气。但是他们也还得雇人帮忙，就是为他们蹬布，缝合前，每卷布要搁到地上，用脚蹬展开，那还不算太难，缝合后，如果是八米宽的缝成了一百米，再用脚将其蹬卷起来，那就不仅需要旺健的脚力，更需要平衡的技巧。当然装车、卸车的时候可以启用叉车，但是，唯独蹬布这个环节，目前还需完全的人工。这个活很累人，但是又不可能给高工钱，因此都是些最没有办法的人，才一早来干临时工，四个小时，管一顿粗茶淡饭，给五十元。

响莲从车窗，老远就望见了爸爸的背影。爸爸虽然一只胳膊伤了，两腿却仍雄健有力，只见他两腿轮流蹬布，那布卷越蹬越厚，

\试卷上的作家

爸爸再蹬，就有点跳动的意味了……车开过去了，蹬布的爸爸从后视镜里消失了。响莲微微咬着嘴唇，心里发誓，一定要报答。那天晚上，她从网络上查到了未雨绸缪的解释，她心中浮现出许多的方案。

精彩赏析

　　文章开头设下了一个悬念：为什么爸爸难得在家，爸爸是怎么受伤的，引出了下文的故事。文中插叙了响莲家的经济和生活状况，提到了父母把响莲送到最好的学校，给她提前购置了电脑，让她上下学不乘公交车而是坐小轿车，穿的、用的，跟那些富人家的孩子，看不出有什么明显的区别。这突出了父母不管经济再困难，都要保证响莲的基本开销。爸爸受伤，妈妈失业，家里的经济更加艰难了，但是他们坚决不委屈响莲，因此爸爸即使受伤还要去给人家蹬布赚钱。文中描写了响莲看到父亲蹬布的样子的心理活动，突出了响莲的乖巧懂事。文末最后一句话"她从网络上查到了未雨绸缪的解释，她心中浮现出许多的方案"，引发了读者无限的思考。

藕合色羊绒衫

🌸 心灵寄语

"百善孝为先",孝敬父母,不单单是让父母吃饱穿暖,更多的应该是精神上的关爱,与父母保持心灵上的沟通,了解他们的所思、所想、所爱。

她被老同学们动员很久,才加入了同窗微信群,但她基本上只是浏览别人的微信,自己极少回应发言,表情包不会用,音频对话罕有响应,视频通话更不愿意。但若干同窗并不因她孤僻而疏离她。前几天就有人问她:重阳节登高了吗?她心里回答:又读《红楼梦》里"琉璃世界白雪红梅"一节呢,仿佛和薛宝琴及其丫头小螺同立在那琉璃世界的山坡上,共览美景啦;还有问她:赏菊了吗?她当然把《红楼梦》里的菊花诗再诵读了一遍。但有问她:今年重阳节晚辈孝敬的是什么呀?还是菊花糕吗?她心里就不大淡定了。

老伴去世五年了。她独居。儿子儿媳孙女住得远。儿子在外企,儿媳妇在国企,孙女大学刚毕业跟几个同窗联袂创业。晚辈们自打中秋节以后就再没来看她,这倒还罢了,却也基本上没来电话聊天。算起来一人来过一次电话问候吧,问忙吗?回答是"忙倒不忙""还行吧""瞎忙",话比以往少。不免有些挂念。

今年重阳节不在双休日,晚辈们没来看望很正常,但现在年轻人都能网购，前面几个有特殊意义的日子，如她的生日、端午节，也都不在双休日，人没来，却总有快递小哥按响门铃，送来晚辈们网购的应景、应节礼物，虽说隔些天晚辈人来了，嗔怪他们多事，"人来时带东西就好，何必非咬定正日子"，心里却暖暖的。这不，晚辈人没来、电话没来、东西也没来，心里就有点子空落落的了。

其实，今年的重阳节过去两天就是双休日。星期日下午，门铃脆响，开门一迎，三张笑脸。"妈""奶奶"的热乎呼唤重叠一起。

原来，儿子儿媳妇孙女，一上午转了三个商场，为的是给她孝敬一件羊绒衫。不免嗔怪："现在不是什么都能从网上买到吗？怎么非得到实体店买？又怎么要转悠三个商场？什么稀怪的羊绒衫？齁贵的吧？奢侈品我可不要！"

儿媳妇就把那精挑细选买来的羊绒衫从包装匣里取出来，抖开，举起给她看："妈，怎么样？这颜色，绝了吧？"儿子、孙女站在儿媳妇两边，都笑吟吟地等待她作出反应。

"天呀！藕合色的！"她激动得不行。

立刻理解了：藕荷色的羊绒衫，网购未必有货，就是有货，根据图片买来恐怕打开一看也难理想；而且实体店里也未必都备有这种颜色的货，难怪转到第三家商场才终于心想事成。

立刻试穿，立刻照镜，合身，雅丽，镜子里绽放出四张如花的笑脸。

大家围坐到沙发茶话。她满脸放光，说："原来你们记住了我以前说过的话。《红楼梦》里写到颜色的地方多了。贾母说那种软烟罗的纺织品，几种颜色呀？一种雨过天青，一种秋香色，一种松绿色，一种银红色。宝玉跟宝钗的丫头莺儿有关于颜色搭配的对话，怎么说的呀？大红要配黑色，松花色要配桃红色，葱绿要配柳黄……书里还常提到玉色，有人以为玉色等同白色，不对，玉色比白色略暗却又润泽……当然啦，你们记住了，我最喜欢的是藕合色。书里起码三次写到藕合色。林黛玉的床帐是藕合色的，宝玉一次穿着簇新的藕合色纱衫，鸳鸯抗婚穿的也是藕合色绫袄……有人说藕合色属于暖色，说得不准，藕合色是中国画颜料里头的花青色和胭脂色调出来的。如果胭脂成分多些，那当然比较暖，如果花青色成分多了，就往紫色靠，那就又偏冷了。依我看，你们买的这件，属于最得宜的藕合色，既不偏暖也不偏冷，很温馨、极雅致……"但她低头抚摸那羊绒衫下摆时，不禁问，"啊呀，很昂贵吧？从实招来，究竟多少钱买的？"

儿子报出价格，确实不菲，但安慰母亲："我们三个人集体孝敬您的，一分摊，也就不算奢侈了。"

她眼光轮流扫视三个晚辈："你们都顺遂吗？"三个人都笑了。儿子说："妈，您就继续沉浸在您所喜爱的《红楼梦》世界里，安度晚年吧！"儿媳妇说："您别为我们操心啦！"孙女依偎到她怀里，她搂住孙女，心里汪着蜜水儿。

精彩赏析

文章开头提到主人公喜欢读《红楼梦》，突出了她的与众不同，志趣高雅，同时也为下文儿子、儿媳和孙女给她买"藕合色的羊绒衫"做了铺垫。"今年重阳节晚辈孝敬的是什么呀？还是菊花糕吗？她心里就不大淡定了"这句话是一个过渡句，起到了承上启下的作用。文章运用插叙的手法，介绍了主人公的生活状况和亲人的关系。采用欲扬先抑的手法，讲述了今天重阳节晚辈人没来、电话没来、东西也没来，她感觉心里就有点子空落落的，为下文的转折埋下伏笔。儿子、儿媳、孙女为她精心挑选了一件藕合色的羊绒衫，这件羊绒衫的颜色有着特殊的含义，因为那是《红楼梦》里常常提到，她最喜欢的颜色，从侧面反映出晚辈们对她的了解和用心。"她搂住孙女儿，心里汪着蜜水儿"与前文中的"心里就有点子空落落的"相照应，反映了她沉浸在家庭的幸福氛围之中，非常满足。

修脚师的生日

心灵寄语

> 生活中有太多的不如意,有时候我们甚至深陷其中不能自拔,此时他人哪怕是一点儿的关爱都显得弥足珍贵。如果我们都能做到对他人多一点儿关爱,那么这个社会将变成温暖的人间。

离他家不远的那家修脚店开张三个来月,他已经去修了几次脚,四位修脚师都非常年轻,手艺不相上下,服务态度也都还好;但是比较起来,那位来自甘肃的瘦高个儿,姓封的,记得自报过出生年月,是1990年,其余三位都比他小,最小的那位问出来,是1995年的。修脚师一边给他修脚,他一边跟修脚师聊闲篇,几个小伙子都称他"老爷子",相处挺愉快的。

那天他又去修脚,其余三位都已经做上了活儿,小封接待他。小封捧来灌好热水的木桶,先请他泡脚。开头他没大注意,等泡完脚,小封把他左脚放到软凳上的不锈钢脚支子上的时候,他才发现小封戴着口罩。啊,老板定的新规矩吧,戴着口罩修脚,也好啊。但是往左右一望,其余三位修脚师跟以往一样,都没戴口罩。小封开始给他修脚,鼻子里有呼噜声,他立刻敏感地问:"你感冒了吗?"

旁边的一个修脚师代小封回答:"可不感冒了!"他不由得再问:"吃药了吗?"另一边的修脚师代答:"吃的头孢。"他不免有些紧张,对小封说:"吃头孢,那是细菌感染啊,啊呀,我可是老年人,我很脆弱的,抵抗力不行,你可别招上我!"小封就解释:"我没大事。其实我已经好了。我鼻子以前就老爱呼噜,是慢性鼻炎,不传染人的。"他便不像往次那么放松地享受修脚,跟小封说:"今天你快点吧。"他右脚大拇指有半块是灰指甲,小封还是很耐心地给他收拾。旁边的顾客跟给修脚的师傅聊天,问结婚了没有,回答是:"我有女朋友了,两个老弟还小呢,就封哥结过婚。"小封就解释:"那不算!只领了证,没办事啊!"他懂,在许多农村,认为只有摆了宴席才算结婚。小封就单跟他解释:"我为什么跟她又扯了离婚证呀?她偷偷把我存下的七万块钱,拿去给她家,为的是给她哥娶媳妇,她哥有残疾……"说着眼圈红了。神仙也难断家务事,他却生出同情小封之心,安慰他说:"你的真缘分也许埋伏在前边呢。"小封就说:"明天我就二十九岁整了。不愿意娶寡妇,哪个黄花闺女愿意嫁我这么个穷修脚的呀!"他忙说:"你明天生日啊!祝你生日快乐!别灰心!毕竟你还是年轻!"

  那天修完脚回到家,他赶紧用盐水漱口,又服用了一片可以增强抵抗力的维生素 C 泡腾片。过了一夜,身体并无不适,可见并没有从小封那里招上什么。回想起来,理解小封有小病还坚持给人修脚,前几次问过,老板包他们修脚师吃住,给些底薪,修脚师的收入,主要靠计件提成,如果有点头疼脑热就歇工,哪里还挣得到钱?病了一般就扛,小封头两天显然有点儿扛不住,才花钱看病买药。对于他们修脚师来说,能多挣一点是一点,他头一次去,小封就力劝他买卡,他买了张八百元的卡,小封高兴得满脸放光。后来知道,谁劝顾客买了卡,可提成百分之二,小封为十六元的提成竟欣喜成那样！但愿小封这次能很快康复。

　　第二天傍晚，他去超市买东西，路过那修脚店，发现小封穿着羽绒服，站在店门外，仔细观察，是在抽烟。两人自然互相招呼。小封见到他高兴地说："哎呀老爷子，您来得正好！"他有些糊涂："怎么正好？我是要去那边超市买东西。我昨天不是刚修了脚吗？"不免又说："你抽烟呀？这可不是好习惯！"小封把抽剩的烟蒂扔了，说："其实我只是偶尔抽一根。现在凡是有屋顶的地方都不让抽。我也想戒，可有时候实在心里头憋闷，抽一口好像能舒服点儿似的。"他朝店门里望，见那三个修脚师都闲坐着低头，一手握手机，一手划屏。小封叹口气说："总是这么怪，昨天活儿忙不过来，今天简直没生意！"他就说声："你病好啦？祝你生日快乐！"小封忽然非常激动，像是要拉住他，吓他一跳，跟他说："我要请您吃饭！"他更惊诧："请我吃饭？为什么呀！"小封说："昨天从一早，我就在店里跟大家伙说了，今天是我生日，我就盼着几位弟娃哪怕只有一个，跟我说声'祝你生日快乐'，只要一个人一句话，今天我就请他们全体吃个晚饭！可是，他们一个也没说那么一句！今天没什么生意，我又特意说了，我的生日，直到刚才，他们还是没人给我一句'祝你生日快乐'，您知道吗？我父母都没了，两个姐姐都出嫁了，算是有个老婆又离了，我孤单一个，就盼句'祝你生日快乐'，结果呢，只有您，您昨天跟我说了句'祝你生日快乐'，没想到忽然又遇见了您，您又说了句'祝你生日快乐'，这对我来说，好金贵呀！我一定要请您吃饭！您不能拒绝我！您答应我！……"

　　他望着眼里冒出强烈的渴望火焰的修脚师，愣住了。

精彩赏析

本文以"修脚师的生日"为题目，既向我们交代了主人公的身份，又引出"生日"这一主题，引发了读者的好奇心。文中对人物的描述多采用对话描写的手法，这样使得人物的形象更加个性化、立体化，也将主人公与修脚师的故事串联了起来，突出了人物的特点。文中采用第三者的视角——他，通过描写他对小封的情感变化，刚开始的时候相处得挺愉快，后来害怕小封传染感冒给他，听了小封的家庭情况，两次祝他生日快乐，从侧面反映出小封的人物形象：细心、周到，吃苦耐劳，生活孤单，工作和生活都不如意，渴望温暖与关爱。作者以开放式的结尾结束了这个故事，并没有明确故事的结局，小封一定要请他吃饭，他愣住了，给读者留下了非常大的想象的空间。

炒米糖开水与糖瓜儿

● 心灵寄语

> 童年时代的记忆是最纯真、最质朴的，也是相伴一生的美好回忆。那些温暖过我们童年的事物，无论什么时候想起来，都是那么的美好、珍贵。

我的童年是在重庆南岸度过的。2019年冬，我曾去探访童年的居所，虽然重庆整体变化巨大，但我曾居住过的南岸狮子山上的海狮路，可能是等待整体改造的原因，一时还大体保持着古旧的面貌，有些破败的空屋，被攀缘植物覆盖，看去倒也别有情致。我找到可能是七十年前居所的位置，童年往事，涌上心头。

1950年初，我家在重庆度过最后一个春节。海狮路是山上小路，鲜有小贩游走，所以那时候我很难吃到货郎叫卖的零食。但是那一年的春节，我家居所的篱墙外却传来"炒米糖开水"的吆喝声，我闻声冲出篱门，母亲随后，母亲给我买了一碗。其实那食物成分真的很简单，就是先抓一把炒米在碗里，再舀一小勺白糖，然后冲上滚开的白水。我也不用勺子，就捧着碗呼噜呼噜地享受，那真是终生难忘的春节美食。

重庆解放后，我父亲刘天演被吸收为接收重庆海关的小组成员，随即宣布,北京成立新中国海关总署,他被任命为人民海关统计处副处长。这样,我们全家随他上任,就先乘轮船沿长江而下,过三峡,至武汉,再乘火车,到达北京,住进了钱粮胡同海关大院。我少年时代的春节,就都是在那个地方度过的。记得那时候钱粮胡同西口外总摆着一个卖零食的摊档,母亲给我的零花钱大部分花在了那个地方,摊上的零食,记忆深刻的有:半空花生米、山楂卷、杏子脯、酸枣面、柿饼儿、棒棒糖、糖葫芦、没有糖纸的外表是珠光色的小人酥……但是头次去问有没有炒米糖开水,摊主竟听不懂,解释后,他笑了,拿出炒米球来说:"有这个,你拿回家沏开水吧。"我心里很失落。

  但是那个摊档,在春节期间却会增添若干我在重庆时没有见识过的美味零食,其中最吸引眼球和味蕾的是关东糖,也就是麦芽糖。麦芽糖会制作成各种形状,条状和圆柱状最常见,最让我动心的,则是糖瓜儿。春节期间那摊档上的糖瓜儿,会摆得高高低低两边延伸,有的白花花,有的黄灿灿;小的糖瓜,只有杏子、蒜头那么大,然后有茶盅大的、橙子大的,以及跟甜瓜一般大的;甚至有一个大得跟南瓜一般的,摆在最高处,好像直到元宵节后才消失。大人告诉我,估计并没有卖出,而是最后化为糖稀了。糖稀,就是溶成浓浆状的麦芽糖,盛在一个大陶钵里,上面盖着一块玻璃板,摊主准备了许多截成二寸长的秫秸秆,卖得最便宜,只需给摊主一百元(相当于币值改革后的一分钱),他就会把玻璃板推开些,用那秫秸秆,在陶钵的糖稀里转动一圈,取出来,秫秸秆上就形成一个糖球。哎,那些年春节期间,我和胡同里的孩子们,几乎天天要去那摊档,用一百元[1]小纸钞换一球糖稀,接到手,迫不及待地就用舌尖去舔,

---

[1] 此处的一百元为旧币制,相当于后来的一分钱。

天下美味，这个第一！

糖稀解馋，却并不能满足节期的欢乐欲望，于是就无限向往糖瓜儿，糖瓜儿的价格就需要家长出面了。记得到北京的第二个春节，母亲不但给我买了一个甜瓜般大的糖瓜儿，还给我买了一个鲤鱼提灯。我就在大院里，左手提着烛光闪亮的鲤鱼灯，右手握着大糖瓜儿，得意扬扬地巡游，惹来若干同龄人羡慕的眼光。

按旧时风俗，麦芽糖最适宜在腊月二十三那天食用。那一天家家要祭灶，送灶王爷上天述职，希望灶王爷"上天言好事"；要他言好事，求求他不就行了呗，古人真狡黠，干脆替他吃麦芽糖，把他的牙齿口舌粘住，这样他就不会把家里的糗事坏事跟玉皇大帝汇报了。其实，好事善事也就都无法上达了，母亲把这个风俗来由讲给我听，说完忍不住笑。我是新时代儿童，当然不信什么灶王爷，那糖瓜儿，腊月二十三也没舍得吃，直到除夕那天，才在午餐后享用了。

精彩赏析

作者用简单质朴的语言，以回忆的方式，向我们讲述了他童年时代印象最深刻的春节美食——重庆的炒米糖开水和北京的糖瓜儿。文中在描写炒米糖开水的时候，交代了它的成分和制作方法等，使我们对这一美食有更加深入的了解。对糖瓜儿的描写更加详细，描写了它的形态、味道、价钱、风俗，还有带给主人公的无限欢乐。对于主人公来说，它已经超出了美食的范畴，上升到了精神上的一种需要。文中对主人公童年时代的描写，有行为描写、动作描写、心理描写，从侧面反映出作者对美食的纯真的喜爱。文章结构完整，语言严谨，在讲述这两种美食之前，都交代了主人公家庭当时的生活背景，使得故事读来更加完整，易于理解。

预测演练六

1. 阅读《远去的风琴声》,回答下列问题。(12分)

(1)英老师让"我"唱《快乐的节日》,"我"为什么不肯唱?最后"我"唱了什么歌曲?(4分)

(2)"我是借住在乡村小学的那排房子里,跟一位什么都教的山村教师同室而眠。那一夜我睡不踏实,是因为不适应,他却为什么也辗转反侧、失眠许久呢?"说一说山村教师睡不着的原因。(4分)

(3)在作者眼里"小嘴先生"的师德表现在哪些方面?(4分)

2. 阅读《藕合色羊绒衫》,回答以下问题。(9分)

(1)文章开头写她通读《红楼梦》中的诗句这一细节有什么作用?(3分)

(2)看到"藕合色"羊绒衫,她为什么"激动得不行"?(3分)

(3)赏析文末"孙女依偎到她怀里,她搂住孙女,心里汪着蜜水儿"的表达效果。(3分)

3. 写作训练。(60分)

习近平总书记用20个字深刻概括了伟大的抗疫精神:生命至上、举国同心、舍生忘死、尊重科学、命运与共,表明了我们坚决抗击疫情的态度和决心。

请你以疫情中的所见所闻为话题,写一篇与疫情有关的文章。

要求:标题自拟,角度任选,主题突出,不少于800字。

★ 试卷作家真题回顾 ★

【人情似纸】

1. AC（3分）

2. 画线句子运用整散句结合和排比的手法，强调了薄薄的纸片却可以传递温情与问候，抒发了作者对当下社会中人情寡淡的忧虑以及重建真情的理想社会的期待，句式富于变化，生动感人。（3分）

3. 以问句结尾，语浅而情深，意蕴悠远，将读者的思考引向深入，抒发了作者对真诚与温情的人际关系的呼唤与期待；在结构上则呼应第⑥段中"曼哈顿万家灯火中，也有了我小小的一盏"，抒发了作者对留下卡片的人的思念与愧疚之情。（4分）

4. 第一问：旨在表明现代社会人情的缺失、人与人之间交流的缺失。第二问：（示例一）觉得这种"移情"不好。理由：人与人之间应该以"人本位""情本位"的真情沟通而非"官本位"，甚至移情于唱片、电视、猫、鸟、鱼、兔等，每个人都希望自己的感情能有人理解、有人应和，达到心灵的呼应。如现实生活中，我们和亲人团聚时，不是聊天、叙亲情而是玩手机、刷微博、玩微信等，忽视了与亲人的亲情交流，从而导致亲情的缺失。这是现代人的一种情感异化，现代人应该反思这种异化并努力去找回情感的交流。（示例二）觉得这种"移情"很正常。理由：现代社会物质文明的发展让人有了更多的"移情"条件。让我们无聊的时候可以看电视、听唱片消磨时光，空虚的时候可以上网找网友聊天、玩游戏，忙碌与快捷有机地结合在一起，于是过去的那种交往和交流就让位了。过去的那种交流只能适应于慢节奏的农业社会，现在是快节奏的信息社会，这是社会发展的必然。（4分）

【怒 绿】

1.D（3分）

2.①点明"怒绿"的出处，丰富了文章内容，增加了文章的文化底蕴；②揭示了"怒绿"的含义，赞颂了绿枝顽强的生命力，升华主旨；③为后文给绿枝命名和抒发对"绿"的景仰之情做铺垫。（6分）

3.①交代写作对象，新颖独特，激发读者的阅读兴趣；②"怒"有气势很盛，不可遏止之意。以"怒"形容"绿"，体现了国槐受重创后再生绿枝条的勃勃生机，更能揭示绿枝"超越邪恶灾难的善美生命那不可轻易战胜的内在力量"；③运用拟人手法，使"绿"具有了人的性格特征，使文章由物及人，托物喻理，显得自然含蓄。（6分）

【人在风中】

1.通过少女面对我的批评时"微笑"的神态、"客气"的态度的描写，以及语言描写，表达了她对时尚的认识，塑造了一个清醒、从容、自信的少女形象。（3分）

2.BE（3分）

3.作者以"风"比喻社会的时尚、潮流，具有形象感；"人在风中"表明人们无法完全脱离社会时尚、潮流的影响;先写自己对妙龄女子的装扮不满,后回忆自己年轻时前辈对自己追风的态度,引出自己态度的转变,最后写出了自己的体味和感悟。这种构思,新颖独特。(4分)

4.我们应该追随进步、积极的时代风尚,对落后、消极的流行风气要保持清醒头脑。这种态度是正确的。它警示人们面对时尚,一方面要冷静辨别,不能因此迷失人生的方向;另一面是自我反思,要用更豁达、开明的心态来面对那些新生流行事物。(5分)

【掐辫子】

1.制造悬念,引起读者阅读兴趣,引出下文。(2分)

2.一种便宜的遮阳物品——掐辫子变化成的产品——有生命的东西。(2分)

3.比喻句,"他"的讲述使"她"对农村的了解由模糊到清晰,带给"她"温暖。"陆续""一缕一缕",说明这种了解是一点点逐渐加深的。(4分)

4.内容上,写了家人对奶奶的尊重与爱,同时也写出了奶奶把劳动视为生命的一部分,丰富了"她"对乡村淳朴亲情的体验,深深触动了"她"的心灵。形式上,选取生活场景、平凡小事,蕴含深挚的感情,具有强烈的感染力,使"她"的情感变化更加合理。(4分)

5.示例:感恩 文中的"他"从农村中走出来,但并没有忘本,对家乡物产的珍惜、对家乡亲人的怀念和乐于带女友回家乡的举动,都能体现出他的感恩之情。

珍惜 一顶看似普通的草帽也凝聚着劳作者的汗水和情感,如果我们不珍惜身边的每一样东西,那就是对生产这些东西的劳作者的不尊重,所以我们应感恩每个劳动者的付出,珍惜身边被我们利用的物品。(5分)

6.BC(4分)

【多一事】

1.A(3分)

2.①拒绝去向不明不白的捐款,体现了她做事讲原则、助人讲实效的个性;②帮助病困人家而不留姓名,体现她热心助人、不求回报的品格;③自己出钱买纸送给爱占便宜的搂(偷)厕纸的人,体现她关心公益,敢于与不良现象斗争,敢于担当的精神。(6分)

3.①在结构方面,以唱京剧开头又以唱京剧结尾,首尾呼应,结构完整;②在人物性格方面,以《穆桂英挂帅》的唱词做结尾,以歌明志,寓意着宛大妈虽年老但仍要"多事",敢于与不良现象作斗争,体现了她敢于担当、舍我其谁的精神;③在主题方面,通过唱词侧面赞扬宛大妈的担当精神和责任感,凸显了小说的主题;④在表达效果方面,小说以高亢的唱腔戛然而止,余韵耐人寻味,增强小说的艺术感染力。(6分)

★ 试卷作家美文赏练 ★

【预测演练一】

1.(1)一位老同志在他饿极了或勉强咽着极糟糕的食物时,脑子里浮现的食物是一碗热腾腾的炸酱面。另外一个故事是一个偏僻山村里，张连芳邀请"我"到他家里吃饭，吃的就是炸酱面，那个年代炸酱面极为珍贵，张连芳竟愿意同"我"分享！（4分）

（2）不一样。夏天是黄瓜和小萝卜，洗干净了不切，攥在手里直接吃；冬天则用大白菜、菠菜、胡萝卜切成碎块长丝用水焯了，配着吃。（3分）

（3）代表着家乡、家庭、亲情、友情，生活之美和民族文化。（3分）

（4）一是被张连芳的朴实和真诚所感动，二是心疼饱受贫困的他很难吃到炸酱面，三是联想到自己这几年经历的沉浮。（6分）

2.（1）运动员在起跑线上的"起点之美"主要表现在力量和表情两个方面。（2分）

（2）证明人生的起点有很多，为下文埋下伏笔，使读者领悟起点之美。（3分）

（3）因为失败总是难免的，重要的是不要因为失败而气馁，而应该百折不挠地寻找新的起点，继续前进。（3分）

3. 略

【预测演练二】

1.（1）身富也要心富。（2分）

（2）可以分几条来答：①身富亦心富才是正常的生存状态。②身富才能心富，对社会而言，算不上规律也是个多见的现象。③身富心富互相制约。身富固然重要，心富应更充实。（4分）

（3）论证心富和身富的关系，没有心富，身富也是空的。（2分）

（4）颜回住着简陋的房子，吃着粗茶淡饭，但是他的精神世

界无比丰富,因此他觉得自己很幸福。(2分)

2.(1)从"我"在门廊里意外遇到"妙龄女郎",先误以为是"女士",后来又说"不,应该是一位妙龄女郎",暗示了小伙子等的"她"是恋人(女朋友),而不是母亲或者妻子。从文末对"妙龄女郎"的描写,她那么暧昧地望着雨丝掩映的"小伙子",也暗示了她就是"小伙子"要等的女朋友。(4分)

(2)作者被小伙子的言行打动,回想起自己年轻时的那些不为人理解的行为又自感甜蜜的生活片段;为下文情节的展开奠定了基础。(2分)

(3)小说开头和结尾都提到了《天鹅湖》,首尾呼应,使文章结构完整,升华了主题,《天鹅湖》最后的乐曲是为了烘托故事氛围,暗示小伙子与姑娘的爱情最终走向成功,进而歌颂爱情的美好。(4分)

(4)示例:"说着便扭头朝剧场大门张望,生怕在我们交谈的一瞬间,那姑娘会从门内飘出,而他没能及时迎上去。"小伙子的动作透露着对女友的关心、理解、信任和希望,表现小伙子对女友的一片痴情。(4分)

3.略

【预测演练三】

1.(1)第一件事是"我"一直拒绝小汪夫妇请"我"吃冷食,结果他们不再请"我"时,"我"却有些失落。

第二件事是"我"去找多年不见的老友,他却以为"我"是因为记得他的生日而来。

第三件事是老街坊高大娘在生命的最后时刻,依然不忘让儿

子送来藤萝花饼与"我"分享。（3分）

（2）指"我"一贯自以为是地坚拒他们的好意，拒绝他们极为世俗却又极为真挚的友情而形成的我们之间的隔膜。（2分）

（3）B（3分）

2.（1）A（3分）

（2）①在那样危急的情况下，母亲居然有这样的深刻想法；②在那样危急的情况下，母亲居然猜到了"我"内心的想法，观察到"我"的表现；③一般的母亲不会有让孩子去冒险的想法，"我"惊讶于母亲的与众不同。（3分）

（3）内容上：写了"我"第三次去卢浮宫看蒙娜丽莎时产生了一个非常私密的感受，蒙娜丽莎的微笑让"我"想到了母亲，好像看见了母亲脸上的神圣沉静，这种沉静引领着"我"的成长，表达了"我"对母亲的怀念。结构上：篇末点题，总结全文，照应标题。（3分）

3. 略

【预测演练四】

1.（1）她不仅会随着大家一起鼓掌，微笑地仰望着走到台沿谢幕的演员，还总是嘴里喃喃有词，发出些感叹赞扬。她总属于把掌声坚持到最后，直到幕布合拢再不掀开，才意犹未尽地离场的那批铁杆戏迷。（2分）

（2）中国观众不习惯在电影院里静坐到全部字幕走完，欣赏完终曲再离座，有的影院甚至也不待拷贝彻底走完便停止放映；国外的多数人观众都静坐在座位上欣赏那伴随着字幕的终曲。（3分）

（3）是19世纪俄国外省农庄花园一隅，穿西服的绅士和穿拖

地长裙的淑女慢条斯理地在台上活动着,从树荫下的长餐桌上银闪闪的大茶炊里接茶喝,说着一些很平淡的话。(3分)

2.(1)C(2分)

(2)侧面衬托瓷器极其精美;引出下文"我"带泼娃去乐陶园的情节(为后文写瓷器被摔碎,以及"我"和许君的惋惜、泼娃对瓷器的审美评价作铺垫)。(4分)

(3)运用比喻手法(或"神态描写"),生动形象地表现出瓷器摔碎时泼娃的紧张、害怕和许君的惊愕、痛惜。(3分)

(4)①泼娃欣赏瓷器时将其看作生命体,注入温情;②泼娃的审美没有成人既有的概念,而发自内心,淳朴真实。(4分)

3.略

【预测演练五】

1.(1)一是当地村民对传统习俗发自内心的尊重和自愿传承下去,所以才能流传千年还继续存在;二是,当地村民淳朴的本性,不管外界变化多大,依然坚持本心。(3分)

(2)为下文农村少年依旧要做携鸡童子作铺垫,强调了农村少年当携鸡童子的决心。(3分)

(3)示例:少年单纯纯朴,做事依靠自己的本性,不在乎名和利,不在乎遥远的将来。二是真心希望"携鸡童子"这个习俗能传承下去。(3分)

2.(1)设置悬念。开头阿芝说弟弟喜欢读书,但只是高中毕业;后来阿芝又说小时候总盼弟弟多生病;弟弟也说愿意爬树再摔断腿,这些都为读者留下了悬念,激发了读者的阅读兴趣。(3分)

(2)家里不让阿芝上学,阿虎生病了,阿芝替他去上学。第

一次去上学的阿芝即使听不懂,也像怀揣热糕,泪光闪闪,表现了阿芝激动的心情。(3分)

(3)一种是心里发堵,一种是心情大畅。人应该像阿芝一样,"高举胳膊的那种迎向命运的勇敢与自信"。(3分)

(4)原因是姐弟俩不能同时上学,但是姐姐希望能受到文化教育,弟弟也希望多给姐姐一些受教育的机会。表现了姐弟俩之间的互相关心、互相爱护。(3分)

3.略

【预测演练六】

1.(1)因为"我"四川口音重,"n""l"不分,害怕同学的嘲笑。最后我"唱"了《我们的田野》这首歌。(4分)

(2)因为第二天会有一架风琴运到学校来,而他,兴奋之余,却又惶恐,因为他一直都是吹口琴教学生唱歌,并不会按风琴,他曾来回走一百多里去县城,在那里的新华书店里,买到一本教授风琴演奏法的书,书已经几乎被他翻烂,但毕竟还要在实物上实践,才能真的演奏成功啊!(4分)

(3)①平易近人,富有爱心;②教育学生循循善诱;③不歧视学生的缺点,平等待人。(4分)

2.(1)开头说她通过读《红楼梦》中的诗句,一来表现她志趣高雅,热爱读书;二来为下文晚辈为她买藕合色羊绒衫及她解释"藕合色"作铺垫。(3分)

(2)藕合色羊绒衫是她的最爱,是她梦寐以求的东西;这件羊绒衫是晚辈孝敬她的,代表着他们的一份孝心。(3分)

(3)运用动作描写,"依偎"写出孙女的纯真可爱,"搂"

体现祖母的慈祥关爱。"心里汪着蜜水儿"运用比喻的修辞手法,写出祖母沉浸在浓浓亲情中的幸福甜蜜。(3分)

  3.略

试卷上的作家

初中生美文读本

序 号	作 者	作 品
1	安 宁	一只蚂蚁爬过春天
2	安武林	安徒生的孤独
3	曹 旭	有温度的生活
4	林 夕	从身边最近的地方寻找快乐
5	简 默	指尖花田
6	乔 叶	鲜花课
7	吴 然	白水台看云
8	叶倾城	用三十年等我自己长大
9	张国龙	一里路需要走多久
10	张丽钧	心壤之上,万亩花开

高中生美文读本

序 号	作 者	作 品
1	韩小蕙	目标始终如一
2	林 彦	星星还在北方
3	刘庆邦	端 灯
4	刘心武	起点之美
5	梅 洁	楼兰的忧郁
6	裘山山	相亲相爱的水
7	王兆胜	阳光心房
8	辛 茜	鸟儿细语
9	杨海蒂	杂花生树
10	尹传红	由雪引发的科学实验
11	朱 鸿	高考作文的命题与散文写作

应试技能直升
阅读专题精讲，考试有高招

全真模拟考场
高频必刷真题，演练出高分

"码"上进入
阅读提分充电站
学业提升有计划

扫码进入

作文精修助手
在线纠错润色，练就范文水平

命题热点课代表
趋势快讯一手掌握，轻松迎战高